7,50 –

GW00750535

LE THÉÂTRE DE LA GUÉRISON

« Espaces libres »

ALEXANDRO JODOROWSKY
avec Gilles Farcet

LE THÉÂTRE
DE LA GUÉRISON

Albin Michel

Albin Michel
■ *Spiritualités* ■

*Collections dirigées
par Jean Mouttapa et Marc de Smedt*

© Éditions Albin Michel, 1995, 2001

« Je ne suis pas un ivrogne, mais je ne suis pas un saint, non plus. Un *medecine-man* ne devrait pas être un " saint "... Il devrait pouvoir descendre aussi bas qu'un pou et s'élever aussi haut que l'aigle... Vous devez être dieu et diable, tous les deux. Être un bon *medecine-man* veut dire être en plein milieu de la tourmente, et non s'en protéger. Ça veut dire expérimenter la vie dans toutes ses phases. Ça veut dire faire le fou de temps à autre. Cela aussi, c'est sacré. »

Chevreuil boiteux
(homme-médecine sioux de la tribu Lakota)

PORTRAIT DE L'ARTISTE
EN PERSONNAGE PANIQUE

Lorsque, à l'issue de soirées passées dans sa bibliothèque à deviser de psychomagie, je demandai à Alexandro Jodorowsky s'il entendait me prescrire un acte, il me rétorqua que le seul fait de confectionner ce livre en sa compagnie constituait un acte suffisamment puissant. Pourquoi pas ?

À dire vrai, Alexandro est en lui-même un acte psychomagique ambulant, un personnage hautement et définitivement « panique » dont la fréquentation introduit quelques fissures dans l'ordonnance de notre univers en apparence si prévisible.

Tout à la fois metteur en scène ayant, avec ses complices Arrabal et Topor, marqué l'histoire du théâtre à travers le mouvement si bien nommé « Panique », réalisateur de films cultes, tels *El Topo* ou *La Montagne sacrée* auxquels les impayables Américains consacrent thèses et savants ouvrages, écrivain, auteur de bandes dessinées se payant le luxe de travailler avec les plus grands de nos dessinateurs, père attentif de cinq enfants avec chacun desquels il entretient aujourd'hui

une relation chatoyante, « Jodo » est aussi le tarologue
hors normes dont les intuitions fulgurantes en ont
ébahi plus d'un, le clown convulsif du « Cabaret
mystique » qui, à l'heure où le public parisien boude les
conférences, fait régulièrement le plein par la seule
puissance publicitaire du bouche à oreille, le magicien
international — interstellaire aurait-on envie de dire,
sous l'influence de Moebius — que consultèrent rock-
stars et artistes du monde entier...

Ce Chilien d'origine russe longtemps établi au Mexique et désormais enraciné à Vincennes est un personnage comme les romanciers de ce temps sont trop
frileux pour en créer, un être qui a su mettre l'imagination au pouvoir dans tous les recoins de son existence
multidimensionnelle.

Sa demeure, savant alliage d'ordre et de désordre,
d'organisation et de chaos, est à l'image de son locataire
et tout simplement à l'image de la vie. C'est en soi une
expérience que de se rendre en cette pépinière parsemée
de livres, de vidéos, de jouets d'enfant... On y croisera
peut-être les dessinateurs Moebius, Boucq ou Bess
aussi bien qu'un chat, une femme venue d'on ne sait où
et qui semble pour un temps veiller sur la maisonnée...
Il y a là un lieu de puissance poétique, une concentration d'énergies foisonnantes et néanmoins maîtri-
sées.

Faut-il le préciser, travailler avec un personnage
panique n'est pas une sinécure. Et tout d'abord parce
que Jodo ignore superbement plannings, agendas et
autres contraintes temporelles qui régissent la vie des
terriens. Lorsque nous eûmes achevé *La Tricherie
sacrée* et qu'il me proposa de l'aider à coucher sur le

papier son aventure psychomagique, je compris qu'il me fallait m'y consacrer toutes affaires cessantes. Avec lui, point de prévisions, de dates fixées longtemps à l'avance, de rendez-vous dûment notés : les choses se font sur l'instant. Tout est chez lui de l'ordre de la fulgurance. Non qu'il soit incapable de se soumettre à une discipline et de se plier à des horaires, bien au contraire ; mais enfin, il y a là un mystère : comment cet homme qui, sitôt nos entretiens psychomagiques mis en boîte, partait réaliser un film au titre évocateur (*The Rainbow Thief : Le Voleur d'arc-en-ciel*) peut-il diriger un tournage à gros budget, dompter des monstres sacrés tels que Peter O'Toole, Omar Sharif ou Christopher Lee, imposer sa sensibilité à des producteurs aussi avides qu'inquiets et par ailleurs ne rien noter de ses engagements futurs, accepter en septembre une conférence pour mars sans le moins du monde en consigner le jour dans un quelconque carnet, si bien qu'à l'approche de l'intervention prévue, il s'avère nécessaire de le traquer de peur que, totalement oublieux de son engagement, il ne disparaisse à l'autre bout du monde ?

Convaincu de la nature convulsive du réel, Alexandro a ceci de fascinant et d'épuisant qu'il met de la démesure dans toutes ses manifestations. Lui donnet-on un public qu'il résiste rarement au plaisir de le pousser à bout. En cela très sud-américain, ce phénomène qui en privé sait se montrer le plus doux et le plus humble des hommes peut en un clin d'œil se muer en un opéra baroque de la même veine que ses films où le grotesque le dispute à la gravité, l'obscène au sacré. Il se tient toujours sur la frange, danse sur la subtile frontière séparant la création de la provocation gratuite, l'innovation de l'atteinte sauvage au bon goût, l'audace de l'indécence... Familier de ces méthodes après plus de quinze années de collaboration, Moebius, le génial dessinateur de l'Incal, y voit « la technique employée par Alexandro afin de saper la résistance de l'univers »...

Reste qu'avec « Jodo », les choses s'arrangent toujours, nonobstant les traumatismes infligés aux nerfs des organisateurs. Il n'a pas son pareil pour faire pivoter une situation s'annonçant sous les pires auspices et s'y entend à retourner le réel comme un gant.

Pourquoi ne pas raconter ici une anecdote représentative de ce basculement de la réalité auquel il convient de s'attendre dès lors qu'on a l'audace de s'attacher à ses pas.

Nous étions convenus d'intervenir ensemble dans le cadre d'un salon où se côtoient chaque année marchands de légumes biologiques, vendeurs de bains à remous, ésotéristes de tout poil, chantres de mère nature, éditeurs et médecins parallèles... Était-ce une erreur tactique ? Toujours est-il que, venu à Vincennes quérir mon héros, je le trouvai immergé dans l'élaboration d'un scénario de BD et peu disposé à s'en arracher afin d'aller parler à « la Marjolaine » ainsi qu'il le disait si joliment...

J'insistai néanmoins, arguant que nous étions attendus et ne pouvions faillir à notre parole, tant et si bien que Jodo consentit en maugréant à monter dans ma voiture, non sans me répéter tout au long du trajet : « Yé né le sens pas, tou sé... Yé né crois pas qué nous devrions aller à la Marjolaine... »

Parvenus à notre destination, nous y trouvâmes le pire, à savoir une salle ouverte à tous les vents, sans micro ni chaises pour les conférenciers et une centaine de personnes venues, non pour Jodorowsky mais, suite à un cafouillage de programmation, pour le docteur Woestlandt, sympathique auteur de best-sellers médico-ésotériques... Tandis que j'enrageais, mon génial complice, après avoir d'un coup d'œil pris la mesure de la catastrophe, me lança d'un ton fataliste : « Tou vois ! Yé té l'avais dit ! », puis fit mine de tout bonnement s'en aller...

Ma compagne courut alors après Jodo et le supplia d'intervenir tout de même. Sans doute sensible aux arguments féminins, Alexandro revint sur ses pas et me dit dans son sabir : « Bueno, ils attendent lé docteur Westphaler, OK, pourquoi tou né mé présentes pas comme étant loui ? Dis-leur que yé souis lé docteur Wiesen-Wiesen et yé vé leur parler... »

Peut-être aurais-je aujourd'hui relevé ce défi ; mais j'étais à l'époque encore trop pénétré de cette idée conventionnelle selon laquelle le docteur Woestlandt est le docteur Woestlandt, Gilles est Gilles et Jodo est Jodo... Mon principe de réalité m'interdisait de me prêter à cette mascarade. Aussi bafouillai-je quelques paroles convenues pour introduire mon dangereux ami qui, se plantant solidement devant l'assistance déconcertée, s'adressa à elle sur un ton conciliant : « Écoutez, yé né souis pas lé docteur Westphallus ; mais ça né fé rien, la personne n'a pas d'importance ! Alors, considérez que yé souis lé docteur Wiesen-Wiesen et posez-moi toutes vos questions. Peu importe la personne, yé

vous répondrai comme si y'étais lé docteur Wouf-
Wouf... »

Tout d'abord médusé, le public ne tarda pas à céder
au sortilège et se mit à entrer dans le jeu de Jodo qui,
sous mes yeux incrédules, se tailla un franc succès. Ce
fut bientôt à qui lui exposerait ses petits problèmes
cependant que de son timbre chantant il invitait ses
auditeurs improvisés à pleinement tirer parti de la
chance qui leur était accordée par un caprice du destin :
« Attentione, posez bien vos questions, c'é la derrrnière
fois qué yé viens à la Marjolaine... »

Après qu'il se fut arrêté au stand des éditions Dervy
pour y acheter le livre du docteur Woestlandt (« Tout
dé même, yé dois savoir qui est cé docteur Westphaller,
non ? »), Alexandro se rendit à la cafétéria où, trônant
au centre d'un vaste cercle d'admirateurs, il continua
avec une inépuisable gentillesse à dispenser conseils et
remarques éclairées.

Ce fut ainsi qu'un après-midi commencé sur le mode
du fiasco s'acheva en apothéose.

Il faudrait aussi évoquer son intuition saisissante : il
n'est pas rare qu'Alexandro, rencontrant une personne
pour la première fois, lui décoche à brûle-pourpoint
quelque vérité cachée sur son compte, donnant ainsi à
son interlocuteur la troublante impression de se trouver
en présence d'un mage omniscient.

Un ami — appelons-le ici Claude Salzmann — n'a
pas oublié cette soirée où au sortir d'une conférence par
elle-même épique, alors que nous nous étions attablés à
la terrasse d'un café de la place Saint-Sulpice, Jodo
entreprit de manière incongrue mais non sans délicatesse, de lui faire l'une de ces petites révélations dont il a

le secret : « Écoute-moi, Salzmann, yé peux té par-rrler ? Tou es oune ami dé mon ami, alors yé vé mé perrmettrrre dé té parrrler, si ? Écoute, Salzmann : si yé té regarrde, yé vois oune homme parrtagé entre deux natourres : ta lèvre soupérieure est trrès différrrente de ta lèvre ineférrrieure. » (Jetant un œil sur Claude, je notai pour la première fois ce trait pourtant frappant de sa physionomie.) « Ta lèvre soupérieure, trré mince, est celle d'oune homme sérrrieux, spiritouel, présque rrrigide ! És la lèvre d'oune ascète... Mais ta lèvre ineférrrieure, beaucoup plou grrrosse, charrrnoue, és la lèvre d'oune homme sensouel, amourreux dou plaissirrr. Hein, tou as ces deux natourres en toi, il faut qué tou les concilies... » Quoique en elle-même des plus simples, cette observation ne laissa pas de frapper mon ami qui s'employait précisément comme jamais auparavant à unir en lui ces deux penchants — contradictoires selon la logique de la surface, complémentaires selon celle de la profondeur.

Combien de personnes n'ai-je pas ainsi entendues rapporter qu'Alexandro, en s'aidant d'une carte de son jeu de tarot ou de sa seule puissance d'observation, avait, d'une parole, résumé leur difficulté du moment, exposé au grand jour quelque secret arcane de leur être ?

Lui ayant un jour amené une amie dont il ne savait rien et qu'il rencontrait pour la première fois, je fus saisi de le voir, sans même que la personne eut formulé une question, résumer en quelques phrases, après qu'elle eut tiré les cartes, l'essentiel de la situation dans laquelle elle se trouvait. Rien d'étonnant, dès lors, à ce que notre homme suscite passions et dévotion.

Le roi Jodo trône en sa cour, entouré d'un essaim de fidèles à qui le « Cabaret mystique » tient lieu de très sainte messe. Il en est qui depuis des années ne manquent jamais cet office, recueillent avec onction la plus farfelue des boutades du maître...

Dois-je le préciser, je ne me compte pas au nombre de ces ouailles. Quoique le « presque jeune homme » que je suis ait davantage à apprendre du « presque vieux monsieur » (pour reprendre les termes utilisés par Alexandro dans sa postface à *La Tricherie sacrée*), c'est avant tout en tant qu'amis que nous avons dialogué. D'où la saine perplexité que j'oppose parfois à ses dires et qui a pour heureux effet de le contraindre à préciser sa pensée.

Car sa fulgurance, si propre à fasciner, prête aussi au doute, voire à l'irritation : pour exactes qu'elles soient souvent, ses intuitions à l'emporte-pièce paraissent parfois un peu rapides. Après l'avoir vu se livrer à ses thérapies éclairs dans le cadre du « Cabaret » où, en l'espace d'une soirée, il se targue de dénouer de vieux nœuds psychologiques d'un coup d'arbre généalogique agrémenté d'un zeste de « psychomagie », le spectateur sympathisant mais ayant conservé un brin de sens critique ne pourra qu'osciller entre l'admiration et le scepticisme, l'ébahissement et le doute. Admiration, ébahissement, parce que la performance de cet acteur hors pair, son habileté à gérer l'énergie d'une salle de cinq cents personnes et l'évidente pertinence dont ses propos, dans le fond, ne se départissent jamais, ont de quoi couper le souffle. Scepticisme, doute, car ces soirées truffées de rires et d'émotion, au cours desquelles la misère humaine se voit mise en scène avec une folle audace, où complexes et traumatismes se trouvent exposés au grand jour puis traités par le « maître » avec un savant alliage de perspicacité, d'outrance et de bienveillance, inaugurent un nouveau genre, celui du « reality show » spiritualo-analytique. L'on quitte la salle à la fois séduit et inquiet, en s'interrogeant sur les retombées réelles et les effets à long terme de tout ce bric-à-brac artistico-thérapeutique.

Il y a de l'arracheur de dents et du docteur Élixir chez le visionnaire de Vincennes qui lui-même se qualifie de « tricheur sacré ». Mais cette facette de « charlatan transcendantal », partie intégrante du personnage Jodo, est en fin de compte au service d'une rare énergie de compassion. On pourrait tout aussi bien dire d'Alexandro qu'il est un boddhisatva à la sauce sud-américaine — sauce pimentée, très pimentée...

N'est pas tricheur sacré qui veut ; sous la démesure et l'apparente facilité de cet artiste hors normes, se cachent beaucoup de rigueur — rigueur bien à lui, mais rigueur tout de même —, un inépuisable potentiel créatif, une profonde vision poétique et, je le crois, beaucoup de bonté.

Car notre homme a le cœur pur. S'il est roi, Jodo n'abuse pas du pouvoir absolu que lui ont octroyé certains de ses sujets. Sa Majesté est à elle-même son propre fou, n'hésitant jamais à mettre son enseignement sur la sellette à travers une bonne mesure de bouffonnerie. Bien qu'il ne dédaigne pas toujours les hommages de ses disciples, il n'a en fin de compte cure de se voir érigé en idole. Fondamentalement désintéressé — ainsi que j'ai moi-même maintes fois eu l'occasion de le vérifier —, Jodorowsky demeure, à mon sens, un être lucide, au fait de ses talents comme de ses limites. Ayant eu la chance d'approcher quelques vrais maîtres — dont le Japonais Ejo Takata qui le marqua au fer rouge du zazen —, il sait n'être pas un gourou au sens strict et noble du terme, mais un gentil et fort dérangeant génie auprès duquel chacun peut faire un bout de chemin.

« Grandis un peu », lança un jour Jodo à sa fille Eugénie, âgée d'une vingtaine d'années ; ce à quoi celle-ci lui rétorqua : « Et toi diminue un peu ! » Le fait que ce soit Alexandro lui-même qui, non sans fierté, me rapporte cette fine réplique de sa progéniture en dit long sur le personnage.

Serviteur de la vérité se donnant parfois des allures de faussaire, saltimbanque outrancier ne demandant qu'à faire silence et à s'incliner devant qui le dépasse, Jodorowsky est bien de la race des fous de sagesse. Si le clown mystique a de quoi inspirer fascination ou répulsion immédiates — et parfois les deux mêlées —, l'homme gagne à être connu dans toute sa richesse intérieure.

Quoiqu'il ait publié plusieurs romans et nombre de scénarios de bande dessinée, Jodorowsky aura attendu l'âge de la retraite pour livrer sur le papier ce qui lui tient le plus à cœur. Avec l'art d'un Castaneda qui eût fait du théâtre, Alexandro m'a entraîné, au fil de nos entretiens, en un périple magique. C'est à ce voyage que vous voici maintenant conviés. Autant autobiographie artistico-spirituelle que traité sur une thérapeutique nouvelle, fenêtre ouverte sur un monde où la poésie s'incarne en émeutes, où le théâtre se meut en sacrifice rituel et où une bien réelle sorcière armée d'un couteau de cuisine guérit les cancers, change les cœurs et alimente les songes de la nuit, le présent ouvrage restera, je l'espère, comme une trace du passage parmi nous d'un être d'une dimension peu ordinaire.

Gilles Farcet

I

L'ACTE POÉTIQUE

La naissance de ce que vous nommez la psychomagie a, je le suppose, répondu à un besoin...

Certes. À une certaine époque de ma vie, dans le cadre de mon activité de tarologue, je recevais au moins deux personnes par jour afin de leur lire les cartes...

Vous leur prédisiez l'avenir ?

Pas du tout ! Je ne crois pas à la possibilité réelle de prédire l'avenir dans la mesure où, dès l'instant où l'on voit le futur, on le modifie ou on le crée. En prédisant un événement, on le provoque : c'est ce qu'en psychologie sociale on appelle « la réalisation automatique des prédictions ». J'ai là un texte d'Anne Ancelin Schutzberger, professeur à l'université de Nice, qui évoque précisément ce phénomène :

« Si on se penche avec soin sur le passé d'un certain nombre de malades cancéreux gravissimes, on s'aperçoit qu'il s'agit souvent de personnes ayant fait dans l'enfance une prédiction sur eux-mêmes, ayant un " script de vie " inconscient (d'eux-mêmes ou de leurs familles) touchant à leur vie et à leur mort, la date, le

moment, le jour, l'âge, et qu'ils se sont effectivement
trouvés mourants. Par exemple à trente-trois ans —
l'âge du Christ — ou à quarante-cinq ans — l'âge de la
mort de leur père ou de leur mère — ou lorsque leur
enfant a eu sept ans — alors qu'ils étaient devenus
orphelins au même âge... Par une sorte de *réalisation
automatique des prédictions* personnelles ou familiales. »

De même, selon Rosenthal, si le professeur, dans sa
tête, prévoit que le cancre restera cancre, c'est effectivement ce qui se produit. Par contre, quand l'enseignant
considère que l'enfant est intelligent mais timide et
prévoit qu'il va faire des progrès, l'enfant commence à
progresser... Voilà un constat surprenant mais maintes
fois vérifié, propre à inspirer la plus vive méfiance à
l'égard de ceux qui, sous prétexte de posséder des dons
surnaturels, se permettent de prédire des événements
que l'inconscient du consultant traduira en désir per-
sonnel, cela afin d'obtempérer aux ordres du voyant. Si
bien que le consultant prendra sur lui de réaliser ces
prédictions, avec des conséquences la plupart du temps
néfastes. Toute prédiction est une prise de pouvoir, par
laquelle le voyant se complaît à tracer des destins,
détournant ainsi le cours normal d'une vie...

*Objection : pourquoi ce phénomène aurait-il néces-
sairement des conséquences néfastes ? Que faites-vous
des voyants qui prédisent des choses heureuses, prospé-
rité, fertilité, et autres bienfaits !*

De toute façon, il y a prise de pouvoir et manipulation. En outre, je suis fermement convaincu que sous
l'étiquette de « voyant professionnel » se cachent, à
quelques rares exceptions près, des individus déséquili-

brés, malhonnêtes et délirants. Au fond, seules seraient dignes de confiance les prédictions d'un véritable saint...

Voilà donc pourquoi je me refuse à entrer dans une démarche de voyance.

Revenons aux origines de la psychomagie et à votre activité de tarologue. Quelle était alors votre pratique ?

Je considérais le tarot comme un test projectif permettant de voir où se situait le besoin de la personne et où résidaient ses problèmes. Comme on le sait, la seule mise au jour d'une difficulté inconsciente ou mal connue constitue déjà une amorce de solution. En travaillant avec moi, les gens prenaient donc conscience de leur identité, de leurs difficultés, de ce qui les poussait à agir. Je les faisais se promener à travers leur arbre généalogique afin de leur montrer les origines anciennes de certains de leurs malaises. Cependant, je me suis vite rendu compte qu'aucune guérison véritable ne pouvait survenir si l'on n'en venait pas à une action concrète. Pour que la consultation ait un effet thérapeutique, elle devait déboucher sur une action créative accomplie dans le réel. Il m'a donc fallu donner à ceux qui venaient me consulter un ou des actes à accomplir. La personne et moi devions d'un commun accord et en pleine conscience fixer un programme d'action très précis. C'est ainsi que j'en suis arrivé à pratiquer la psychomagie.

Vous avez exercé cette thérapie pendant une décennie, et obtenu des résultats tout à fait probants. Comment l'avez-vous mise au point ?

On n'invente pas une chose pareille ; on la voit naître à travers soi. Mais cette naissance a de très profondes racines.

Justement, avant de rentrer dans le détail de la psychomagie, d'examiner ses rapports avec la psychanalyse, d'évoquer des actes précis, de nous pencher sur les lettres que vous ont écrites vos consultants, il serait intéressant de remonter aux racines.

La première chose qui me soit venue en aide, c'est la poésie, mon contact avec des poètes.

À l'occasion de nos entretiens pour La Tricherie sacrée, *vous m'avez dit avoir beaucoup fréquenté de grands poètes de votre pays, le Chili...*

Oui, c'était au temps de ma jeunesse, dans les années cinquante... Il se trouve que j'ai eu la chance de naître au Chili. Après tout, j'aurais tout aussi bien pu voir le jour ailleurs. Sans la guerre russo-japonaise, mes grands-parents n'auraient pas émigré et je serais sans doute né en Russie. D'autre part, pourquoi le bateau sur lequel ils s'étaient embarqués les a-t-il amenés au Chili ? Je me plais à jouer avec l'idée que nous choisissons à l'avance notre destin et que rien de ce qui nous arrive n'est le fruit du hasard. Or, s'il n'y a pas de hasard, tout a un sens. Pour moi, c'est ma rencontre avec la poésie qui justifie ma naissance au Chili.

Tout de même, le Chili n'a jamais eu l'exclusivité de la poésie...

Non, les poètes sont partout. Mais la vie poétique, elle, est une denrée plus rare. Dans combien de pays

trouve-t-on une atmosphère réellement poétique ? Sans
doute la Chine ancienne était-elle une terre de poésie.
Mais, dans les années cinquante, je crois que l'on vivait
poétiquement au Chili comme nulle part ailleurs au
monde.

Comment cela ?

La poésie imprégnait tout : l'enseignement, la politi-
que, la vie culturelle... le peuple lui-même baignait dans
la poésie. Cela était dû au tempérament même des
Chiliens et plus particulièrement à cinq de nos poètes
qui sont devenus pour moi des sortes d'archétypes. Ce
sont eux qui ont façonné mon existence à son début. Le
plus connu d'entre eux n'était autre que Pablo Neruda.
C'était un homme politiquement très actif, exubérant,
très prolifique dans son écriture et qui, surtout, vivait
vraiment en poète.

Qu'est-ce que vivre en poète ?

D'abord, ne pas craindre, oser se donner, avoir
l'audace de vivre avec une certaine démesure. Neruda a
construit une maison en forme de château puis rassemblé autour de lui un village, il a été sénateur, est presque
parvenu à devenir président de la République... Il a
donné sa vie au Parti communiste, par idéalisme, parce
qu'il désirait vraiment opérer une révolution sociale,
construire un monde plus juste... Et sa poésie a marqué
toute la jeunesse chilienne. Au Chili, même les ivrognes
en pleine beuverie déclamaient des vers de Neruda ! Sa
poésie était déclamée dans les écoles comme dans les
rues. Tout le monde voulait devenir poète, comme lui.
Je ne parle pas seulement des étudiants, mais des

ouvriers, et jusqu'aux ivrognes qui parlaient en vers ! Il a su capter dans ses textes toute la folie ambiante du pays.

Écoutez ce poème qui me revient à l'esprit et que nous récitions en chœur quand, étudiants à l'université, nous nous enivrions du vin patriotique de notre terre chilienne :

Voilà que je me lasse de mes pieds et de mes ongles
de ma chevelure et de mon ombre.
Voici que je suis las d'être un homme.
Il serait pourtant délicieux
d'effrayer un notaire avec un iris cueilli
ou de donner la mort à une nonne d'un coup d'oreille.
Ce serait beau
de marcher dans les rues un couteau vert à la main
en hurlant jusqu'à mourir de froid.

Mis à part Neruda qui jouissait d'une réputation mondiale, quatre autres poètes ont été chez nous d'une importance capitale. Vicente Huidobro était issu d'un milieu aisé, moins pauvre en tout cas que celui dont venait Neruda. Sa mère connaissait tous les salons littéraires français, il avait reçu une éducation artistique très poussée, si bien que sa poésie, d'une grande beauté formelle, a imprégné d'élégance tout le pays. Nous rêvions tous de l'Europe, de la culture... Huidobro nous a donné une grande leçon d'esthétique. À titre d'exemple, permettez-moi de vous lire cet extrait d'une conférence donnée par le poète à Madrid, trois ans avant la parution du manifeste surréaliste :

« Outre le sens grammatical du langage, il y en a un autre, magique, qui est le seul qui nous intéresse... Le poète crée hors du monde qui existe celui qui devrait exister... La valeur du langage de la poésie vient directement de sa distance d'avec le langage parlé... Le langage se transforme en un cérémonial de conjuration et se présente dans sa lumineuse nudité première, loin de tout habit conventionnel figé à priori... La poésie n'est rien d'autre que le dernier horizon, qui est à son tour l'arête où les extrêmes se rejoignent, où il n'y a ni contradiction ni doute. Parvenant à cette frontière finale, l'enchaînement habituel des phénomènes brise sa logique, et de l'autre côté, là où commencent les terres du poète, la chaîne se ressoude en une logique nouvelle. Le poète vous tend la main afin de vous conduire au-delà du dernier horizon, plus haut que la pointe de la pyramide, dans ce champ qui s'étend au-delà de ce qui est vrai ou faux, au-delà de la vie et de la mort, au-delà de l'espace et du temps, au-delà de la raison et de la fantaisie, au-delà de l'esprit et de la matière... Il y a dans sa gorge un inextinguible brasier. »

Puis il y avait une femme, Gabriela Mistral : son apparence était celle d'une dame sèche, austère comme une moniale, très éloignée de la poésie sensuelle. Elle enseignait dans de pauvres écoles, et cette petite institutrice en est arrivée à devenir chez nous un symbole de paix. Elle nous a enseigné l'exigeance morale vis-à-vis de la douleur du monde. Gabriela Mistral était pour les Chiliens une sorte de gourou, très mystique, une figure de mère universelle. Elle parlait de « Dieu » mais témoignait d'une telle rigueur... Je vous propose d'écouter quelques extraits de sa *Prière de la maîtresse* (la « maîtresse » en question étant bien sûr l'institutrice) :

« Seigneur ! Toi qui m'as tout appris, pardonne-moi d'enseigner ; de porter le titre de maîtresse, Toi qui sur

la terre as eu celui de maître… Maître, rends ma ferveur
durable et passager mon désenchantement. Arrache de
moi cet impur désir de justice qui me trouble encore,
cette vindicte qui monte en moi lorsqu'on me blesse…
Rends méprisable à mes yeux tout pouvoir qui soit
impur, toute pression qui ne soit celle de ton ardente
volonté sur ma vie… Donne-moi de la simplicité et
donne-moi de la profondeur ; accorde-moi de n'être ni
compliquée ni banale dans ma manière de dispenser ma
leçon quotidienne. Rends légère ma main qui punit,
adoucis encore mes caresses. »

Le quatrième se nommait Pablo De Rokha. Lui aussi
était un être exubérant, une sorte de boxeur de la poésie
au sujet duquel couraient les rumeurs les plus folles. On
le soupçonnait d'attentats anarchistes, d'escroquerie…
En réalité, c'était un dadaïste expressionniste qui a
apporté au Chili la provocation culturelle. Il était
turbulent, capable d'insultes, et avait dans le milieu des
écrivains une aura terrible et noire. Ces quelques
morceaux choisis qui retentissent comme des salves
devraient suffire à vous donner une idée de son ardeur
furibonde :

« Incendiez le poème, décapitez le poème… Choisis-
sez un matériau quelconque, comme l'on choisit des
étoiles parmi des asticots… Quand Dieu était encore
bleu à l'intérieur de l'homme… Toi, tu es *juste au
centre* de Dieu, comme le sexe, *juste au centre*… Le
cadavre de Dieu, furieux, hurle dans mes entrailles… Je
vais frapper dans l'Éternité avec la crosse de mon
revolver. »

Le cinquième, enfin, s'appelait Nicanor Parra. Parti
du peuple, il a gravi les échelons universitaires, est
devenu professeur dans une grande école et a incarné la

figure de l'intellectuel, du poète intelligent. Il nous a fait connaître Wittgenstein, le cercle de Vienne, le journal intime de Kafka. Il avait une vie sexuelle très sud-américaine...

C'est-à-dire ?
Les Sud-Américains raffolent des blondes. De temps à autre, Parra allait en Suède et en revenait avec une Suédoise. Nous étions fascinés de le voir s'afficher avec une belle blonde... Puis il divorçait, repartait en Suède et ramenait une nouvelle créature. Outre son influence intellectuelle, il a amené l'humour dans la poésie chilienne, a été le premier à y introduire un élément de comique. En créant l'anti-poésie, il a dédramatisé cette forme d'art. Allez, un extrait de Parra :
« Il se peut très bien que ma poésie ne mène nulle part.
" Les rires de ce livre sont faux, affirmeront mes détracteurs,
et ses larmes artificielles !
Cette page ne fait pas soupirer, elle fait bâiller.
Il gesticule comme un nourrisson !
Cet auteur s'exprime par des éternuements... "
Parfait, ça me va ! Je vous invite à brûler vos navires.
Comme les Phéniciens, je prétends forger mon propre alphabet.
" Mais alors, se demanderont les amis lecteurs,
à quoi bon déranger le public ?
Si l'auteur lui-même commence par dénigrer ses propres écrits,
que peut-on en espérer ? "
Attention, moi, je ne dénigre rien ;
ou, à vrai dire, j'exalte mon point de vue.

Mes limites, je m'en vante.
Je porte aux nues mes créations.
Les oiseaux d'Aristophane
enterraient dans leurs propres têtes
les cadavres de leurs parents —
Chaque oiseau était un véritable cimetière volant —
Selon moi,
le temps est venu de moderniser cette cérémonie ;
et moi, je plante mes plumes dans la tête de ces
messieurs les lecteurs ! »

*Ces cinq personnalités ont donc beaucoup marqué le
jeune homme que vous étiez alors...*

Ils étaient vivants, comprenez-vous ! Vivants et que-
relleurs ! C'étaient les meilleurs ennemis du monde, ils
passaient leur temps à se bagarrer, à échanger des
insultes... Pablo De Rokha, par exemple, publia une
lettre ouverte à Vicente Huidobro dans laquelle il
s'exclamait : « Je finis par en avoir assez de cette
histoire, mon petit Vicente. D'ailleurs, je ne suis pas de
ces lâches qui frappent une poule qui caquette parce
qu'elle dit avoir pondu un œuf en Europe. » Savez-
vous ce qu'il disait de Neruda ? « Pablo Neruda n'est
pas communiste, il est nérudiste — le dernier des
nérudistes, ou le seul, probablement... »

Ces gens s'exposaient, ils n'avaient pas peur de vivre
leur passion. Quant à nous, nous prenions fait et cause
pour l'un, puis pour l'autre... Nous baignions dans la
poésie du matin au soir, elle se trouvait vraiment au
centre de nos existences. Ces cinq poètes formaient
pour nous un mandala alchimique : Neruda était l'eau,
Parra l'air, De Rokha le feu, Gabriela Mistral la terre, et
Huidobro, au centre, en était la Quinte Essence... Nous

voulions aller plus loin que nos prédécesseurs, lesquels avaient d'ailleurs déjà anticipé nos recherches.

Comment cela ?

Tous ces poètes se livraient à des actes : Huidobro disait : « Pourquoi chanteriez-vous la rose, ô poètes ? Faites-la fleurir dans le poème » ; Neruda avait séduit une femme du peuple en lui promettant un merveilleux cadeau puis en sortant de nulle part un citron de la grosseur d'une pastèque. Ils avaient commencé à sortir de la littérature pour participer aux actes de la vie quotidienne avec le parti pris esthétique et rebelle propre aux poètes.

Vos amis et vous avez donc voulu aller plus loin dans cette direction...

J'ai eu la chance d'être du même âge que le célèbre poète Enrique Lihn, aujourd'hui décédé. Avec lui et d'autres compères, nous avons un jour trouvé dans un livre traitant du futurisme italien une phrase illuminante de Marinetti : « La poésie est un acte. » À compter de ce moment, nous avons davantage prêté attention à l'acte poétique qu'à l'écriture elle-même. Durant trois ou quatre ans, nous n'avons cessé de nous livrer à des actes poétiques. Nous y pensions du matin au soir.

En quoi consistaient ces actes ?

Par exemple, Lihn et moi avions un jour décidé de toujours marcher en ligne droite, sans jamais dévier. Nous marchions sur une avenue et arrivions devant un arbre. Au lieu de le contourner, nous grimpions en haut de l'arbre pour y continuer la conversation. Si une voiture se trouvait sur notre chemin, nous montions sur elle, marchions sur le toit... Face à une maison, nous sonnions, entrions par la porte et sortions par où nous pouvions, parfois par une fenêtre. L'important était de tenir la ligne droite et de ne prêter aucune attention à l'obstacle, de faire comme s'il n'existait pas.

Cela ne devait pas aller sans poser quelques problèmes...

Mais non, pourquoi ? Vous oubliez que le Chili était un pays poétique. Je me souviens avoir sonné à une porte et expliqué à la dame que nous étions des poètes en pleine action et devions donc traverser sa maison en ligne droite. Elle a très bien compris et nous a fait sortir par la porte de derrière. Cette traversée de la ville en ligne droite fut pour nous une grande expérience, dans la mesure où nous étions parvenus à nous jouer de tous les obstacles. Petit à petit, nous en sommes venus à des actes de plus en plus fort. J'étudiais à la faculté de psychologie. Un jour, j'en ai eu vraiment marre et ai décidé de poser un acte pour signifier ma lassitude. Je suis sorti de la classe et suis allé tranquillement uriner devant la porte du bureau du recteur. Je risquais bien sûr l'exclusion définitive de l'université. Chose magique, personne ne m'a vu. J'ai posé mon acte et suis parti incroyablement soulagé aux divers sens du terme. Un jour, nous avons placé une très grande quantité de monnaie dans une serviette trouée et avons ainsi parcouru le centre-ville : c'était extraordinaire de voir tout le monde se baisser dans notre sillage, la rue entière couverte de dos courbés ! Nous avons aussi décidé de créer notre propre ville imaginaire à côté de la ville réelle. Pour cela, il nous a fallu procéder à des inaugurations. Nous nous rendions au pied d'une statue, d'un monument célèbre et procédions à une cérémonie d'inauguration selon notre fantaisie. C'est ainsi que la Bibliothèque nationale est devenue pour nous une sorte de café intellectuel. Sans doute est-ce là le germe du « Cabaret mystique* ».

L'important était de nommer les choses : en leur attribuant des noms différents, il nous semblait les changer.

Nous nous livrions aussi à des actes très innocents et non moins puissants comme celui de mettre dans la main du contrôleur venant réclamer notre ticket de bus un beau coquillage… L'homme en était tellement abasourdi qu'il passait son chemin sans rien dire.

Vous n'aviez guère plus de vingt ans ; comment votre famille voyait-elle ces bizarreries ?

Comme vous le savez, je suis issu d'une famille d'immigrés qui passaient huit heures par jour dans un magasin. Lorsque la poésie est ainsi entrée dans ma vie, ils en sont restés bouche bée. Un jour, mes amis et moi avons pris un mannequin et l'avons habillé avec le

---

* Depuis maintenant treize ans et sans aucune publicité, Jodorowsky anime chaque mercredi à Paris une conférence-happening où il aborde des thèmes thérapeutiques. L'entrée est libre, cinq cents spectateurs y assistent chaque semaine. À la fin de la séance du « Cabaret mystique », des volontaires font la quête, ce qui permet de payer la location de la salle. Trois heures avant le début de la conférence, et toujours gratuitement, « Jodo » lit le tarot à une trentaine de personnes. Celles-ci, la lecture finie, doivent, en guise de paiement, tracer de leur index le mot « merci » sur la paume de l'une des mains d'Alexandro.

costume de ma mère. Puis nous l'avons couché comme un cadavre, entouré de chandeliers et avons entamé une veillée funéraire dans le salon familial. Comme nous faisions du théâtre et disposions de tous les éléments du décor, l'impression était saisissante. Quand mes parents sont arrivés, ma mère s'est vue en train d'être veillée ! Tous mes amis ont commencé à présenter leurs condoléances... Ce fut bien sûr un choc pour ma famille. Une autre fois, nous avons rempli le lit de mes parents de vers de terre.

Mais c'est très cruel ! Vous étiez un fils odieux...

Je les aimais, mais je voulais de toute la folie de ma jeunesse faire éclater les limites. Ces actes les secouaient, les obligeaient à s'ouvrir. Que faire d'autre face à l'inattendu ? Vous comprenez, la vie est ainsi, quoi qu'on en dise : totalement imprévisible. Vous croyez que votre journée va se dérouler de telle et telle manière ; en fait, vous pouvez être écrasé par un camion au coin de la rue, rencontrer une de vos anciennes maîtresses et l'emmener faire l'amour à l'hôtel, recevoir votre plafond sur la tête pendant que vous travaillez. Le téléphone peut sonner pour vous annoncer la meilleure ou la pire des nouvelles. Nos actes de jeunes poètes fous ne faisaient que mettre cela en évidence, à rebours du monde étriqué de nos parents. Ouvrir son lit et le trouver grouillant de vers, c'est une situation hautement symbolique de ce qui nous arrive à tous, tous les jours.

Mon père pratiquait la psychomagie sans le savoir : il était persuadé que plus il avait de marchandise, plus il en vendrait. Il fallait donner aux clients une impression de surabondance. Fut un temps où il avait derrière lui une rangée de tiroirs censés contenir des monceaux de chaussettes. Il faisait dépasser une chaussette de l'un des tiroirs, si bien qu'on avait l'impression qu'ils étaient bourrés à craquer, alors qu'il n'y avait strictement rien dedans. Un jour où le magasin était plein de clients, l'un de mes amis ivres s'est mis à ouvrir tous les tiroirs. Puis il a fait un poème proclamant que mon père était un homme exceptionnel, comparable aux grands mystiques : comme eux, il vendait du vide !

Votre père devait être fou furieux...

Non, pas vraiment. Chaque fois qu'un tel acte survenait, ma famille subissait un choc, suivi d'un silence puis d'une grande perplexité. Ils étaient dépassés et croyaient vivre un rêve éveillé, tant c'était extraordinaire, hors des limites de l'existence habituelle. Tous ces actes étaient empreints d'une qualité onirique, pleins de notre folie. Je me souviens que Lihn et moi nous fixions des buts bizarres : quand nous en avions marre de l'université, nous partions à Valparaíso en train et décidions de ne pas rentrer tant qu'une vieille dame ne nous aurait pas invités à prendre une tasse de thé. Notre objectif atteint, nous revenions triomphants dans la capitale.

Un jour, en compagnie d'un autre ami, je me suis rendu dans un bon restaurant. Nous étions tous deux très élégamment vêtus et avons commandé un steack au poivre. Une fois servis, nous nous sommes frotté tout le corps avec la viande, maculant nos vêtements. L'opération achevée, nous avons commandé la même chose et répété l'acte. Nous l'avons fait cinq ou six fois de suite

jusqu'à ce que tout le restaurant bascule dans une sorte
de panique. Un an plus tard, nous sommes revenus
dans ce même établissement, et le maître d'hôtel nous a
déclaré : « Si vous comptez recommencer ce que vous
avez fait l'autre jour, pas question, nous ne vous
acceptons pas. » L'acte l'avait tellement frappé que le
temps s'en était trouvé comme stoppé. Une année
s'était écoulée, mais il lui semblait nous avoir vus la
semaine précédente.

*Vous écoutant, je me souviens d'un épisode de mes
quinze ou seize ans. J'étais en pleine lecture de Dos-
toïevski et ces Russes exaltés qui passaient en un instant
du désespoir à l'allégresse, s'enflammaient pour une
cause, se roulaient par terre à tout propos me fascinaient.
Un jour, j'ai dit à mes amis : pourquoi continuer à
avancer ? Que se passerait-il si tout le monde décidait
d'arrêter le mouvement ? Où allons-nous ? Et nous
avons décidé de nous coucher par terre en pleine rue,
sans bouger. Les passants nous enjambaient, certains
faisaient des commentaires... Si je comprends bien,
c'était un acte poétique.*

Bien sûr ! Et je suis certain que nos lecteurs, s'ils
réfléchissent, se souviendront de semblables moments
de mise en cause de la réalité obligatoire. Nous aussi,
nous nous étions couchés, un jour, devant une banque,
sales et misérablement vêtus, pour donner aux passants
l'impression qu'un crack risquait de se produire, leur
rappeler que la misère pouvait surgir à tout moment.
Mais, encore une fois, tout cela se passait au Chili, dans
ce pays en proie à une forme de folie collective. Sans
doute n'aurions-nous pas pu aller aussi loin dans un

autre contexte. La plupart des bureaucrates chiliens
vivaient sagement jusqu'à dix-huit heures. Une fois
sortis de leur bureau, ils s'enivraient et changeaient de
personnalité, presque de corps. Ils quittaient leur
identité bureaucratique et sociale pour revêtir leur
identité magique. La fête était partout, le pays tout
entier était surréaliste sans le savoir.

Le tempérament chilien suffit-il à expliquer cette
atmosphère ?

Les gens dits raisonnables, ceux qui croient à la
réalité et à la solidité de ce monde, ne posent pas d'actes
fous. Mais, au Chili, la terre tremblait tous les six jours !
Le sol même du pays était pour ainsi dire convulsif. Si
bien que tout le monde était sujet à un tremblement,
physique et existentiel. Nous n'habitions pas un monde
massif régi par un ordre bourgeois soi-disant bien
implanté mais un réel tremblotant. Rien n'était figé,
tout tremblait... Ha ha ha ! Chacun vivait dans la
précarité sur le plan matériel comme sur le plan
relationnel. On ne savait jamais comment tournerait
une fête : le couple marié à six heures du soir pouvait se
défaire à six heures du matin, les invités pouvaient jeter
les meubles par la fenêtre... Bien sûr, l'angoisse était au
cœur de toute cette folie. Le pays était pauvre, les
classes sociales très marquées...

Quarante ans ont passé... Avec le recul, comment
voyez-vous aujourd'hui ces actes ? Au-delà du pittores-
que, que vous ont-ils enseigné ?

L'audace, l'humour, une aptitude à mettre en cause
les médiocres postulats de la vie ordinaire et un amour

de l'acte gratuit. Quelle est la définition de l'acte
poétique ? Il doit être beau, esthétique et se passer de
toute justification. Il peut aussi véhiculer une certaine
violence. L'acte poétique est un rappel à la réalité : il
faut faire face à sa mort, à l'imprévu, à notre ombre, aux
vers qui grouillent en nous. Cette vie que nous
voudrions raisonnable est en réalité folle, choquante,
merveilleuse et cruelle. Notre comportement que nous
prétendons logique et conscient est en fait irrationnel,
fou, contradictoire. Si nous regardions lucidement
notre réalité, nous constaterions qu'elle est poétique,
illogique, exubérante. À l'époque, j'étais sans aucun
doute immature, un jeune écervelé insolent; cette
période ne m'en a pas moins enseigné à percevoir la
folle créativité de l'existence et à ne pas m'identifier aux
limites dans lesquelles la plupart des gens s'enferment
jusqu'à en crever.

*La poésie ne respecte pas une ordonnance figée du
monde...*

Non, la poésie est convulsive, elle tient du tremblement de terre ! Elle dénonce les apparences, pourfend le
mensonge et les conventions. Je me souviens qu'un jour
nous sommes allés à la faculté de médecine et, avec la
complicité d'amis étudiants, avons volé le bras d'un
cadavre. Nous l'avons glissé dans la manche de notre
manteau et nous sommes amusés à dire bonjour aux
gens, à les toucher de cette main morte. Personne
n'osait remarquer qu'elle était froide, sans vie, car nul
ne voulait faire face au fait brut de ce membre mort.
Vous parlant, je me rends compte que je suis presque en
train de me confesser. Tout cela paraîtra peut-être bien

fantaisiste. Pour nous, il s'agissait certes d'un jeu, mais d'un jeu profondément dramatique ! L'acte créait une autre réalité au sein même de la réalité ordinaire. Il nous permettait de basculer dans un autre niveau et je suis toujours convaincu que, par des actes nouveaux, on s'ouvre la porte d'une dimension nouvelle.

L'acte ainsi conçu n'a-t-il pas une valeur purificatrice et thérapeutique ?

Bien sûr que si ! Si l'on réfléchit, notre histoire individuelle est constituée de mots et d'actes. La plupart du temps, les gens se contentent de petits actes minables, jusqu'au jour où ils « craquent » et, sans aucun contrôle, se mettent en colère, cassent tout, profèrent des insultes, se laissent aller à la violence, vont parfois jusqu'au crime... Si un criminel en puissance connaissait l'acte poétique, il sublimerait son geste meurtrier en mettant en scène un acte équivalent.

Tout de même, il y a là une outrance qui n'est sans doute pas sans danger...

C'est exact. La société a mis des barrières pour que la peur et son expression, la violence, ne surgissent pas à tout moment. C'est pourquoi, lorsque l'on pose un acte différent des actions ordinaires et codées, il importe de le faire consciemment, d'en mesurer et d'en accepter d'avance les conséquences. Poser un acte est une démarche consciente visant à volontairement introduire une fissure dans l'ordre de la mort que perpétue la société, et non la manifestation compulsive d'une rébellion aveugle. Il convient de ne pas s'identifier à l'acte poétique, de ne pas se laisser mener par les énergies qu'il libère. Breton, par exemple, est tombé dans le piège lorsque, emporté par son enthousiasme, il a déclaré que le véritable acte poétique consisterait à sortir dans la rue armé d'un revolver et à ouvrir le feu sur la foule. Il l'a beaucoup regretté par la suite. Notez qu'il n'est pas passé à l'acte ! Mais cette déclaration était en elle-même le signe d'un emportement. L'acte poétique permet d'exprimer des énergies d'ordinaire refoulées ou dormantes en nous. L'acte non conscient, c'est la porte ouverte au vandalisme, à la violence. Lorsque les foules s'embrasent, que les manifestations dégénèrent, que les gens brûlent des voitures ou lancent des pierres, on assiste aussi à une libération d'énergies réprimées. Cela ne mérite pas pour autant le titre d'acte poétique.

En étiez-vous conscients, vous et vos comparses ?
Nous le sommes devenus une fois confrontés à certains actes dangereux car perpétrés par des êtres emportés. Mes amis et moi en avons été secoués et nous nous sommes sérieusement interrogés. Un haiku japonais nous a livré une clef : l'élève apporte au maître son poème dans lequel il dit :

Un papillon :
Je lui enlève les ailes
et voilà un piment !

La réponse du maître ne se fait pas attendre « Non, non, ce n'est pas cela, laisse-moi corriger ton poème » :

Un piment :
Je lui ajoute des ailes
Voilà un papillon !

La leçon ici dispensée est claire : l'acte poétique doit

toujours être positif, aller dans le sens de la construction et non de la destruction...

Pourtant, il est parfois indispensable de détruire pour pouvoir ensuite construire...
Oui, mais gare à la destruction comme une fin en soi ! L'acte est une *action* et non une *réaction* de vandale.

Dans ce cas, qu'en était-il de certains des « actes » que vous m'avez racontés ?
Nombre d'entre eux n'étaient effectivement que des réactions, ou, disons, des tentatives plus ou moins maladroites en direction de l'acte digne de ce nom. Si bien que je me suis livré à un examen de conscience. J'ai clairement vu qu'au lieu de vider tous les tiroirs de mon père, nous aurions dû arriver en procession avec un chargement de chaussettes et lui remplir ses boîtes afin que son rêve devienne réalité. Au lieu de mettre des vers dans le lit de mes parents, nous aurions dû le tapisser de pièces d'or en chocolat ! Au lieu d'organiser la veillée funèbre de ma mère, nous aurions pu monter une mise en scène où elle se serait vue en gloire, comme la Vierge durant l'Assomption. Le choc causé par l'acte doit être positif.

À l'issue de cette prise de conscience, vous êtes-vous sentis coupables, vos amis et vous, avez-vous éprouvé du remords ?
Non, et je continue à dire que la culpabilité est inutile. L'erreur est permise, tant qu'on la commet une seule fois, en recherchant sincèrement la connaissance. Telle est la condition humaine : l'homme cherche la

connaissance, et qu'est-ce que l'homme en quête sinon par définition un être erratique ? L'erreur est partie intégrante du chemin. Nous ne nous sommes plus livrés à ces expériences négatives, mais n'en avons eu aucun regret. Elles nous avaient ouvert la voie du véritable acte poétique. On ne fait pas d'omelette sans casser des œufs.

II

L'ACTE THÉÂTRAL

Nous venons d'évoquer la dimension métaphysique de l'acte ; revenons à l'aspect artistique. Si la poésie est avant tout un acte, quelle place reste-t-il à l'écriture ? Écriviez-vous, vous et vos amis, ou vous contentiez-vous de poser des actes ?

Lihn a continué à écrire et est devenu l'un des grands poètes du pays, si bien que nul ne se souvient aujourd'hui de ses actes. Les Chiliens seraient surpris d'apprendre les jeux auxquels se livrait dans sa jeunesse leur poète national. Pour ma part, j'ai abandonné la poésie en tant que telle pour emprunter la voie du théâtre.

Comment cette transition s'est-elle effectuée ?

L'amour de l'acte m'a amené à créer des objets, entre autres des marionnettes dont je suis très vite tombé amoureux.

J'ai d'emblée vu en la marionnette une figure hautement métaphysique. Tout d'abord, j'étais fasciné de voir un objet fabriqué de mes propres mains m'échapper. Dès que je mettais ma main dans la marionnette pour l'animer, le personnage se mettait à vivre de

manière quasi autonome. J'assistais au déploiement
d'une personnalité inconnue, comme si la poupée se
servait de ma voix et de mes mains pour prendre une
identité qui lui était déjà propre. Au lieu d'être un
créateur, il me semblait faire office de serviteur.

Finalement, j'avais l'impression d'être dirigé, mani-
pulé par la poupée ! Cette relation si profonde avec les
marionnettes a fait naître le désir de devenir moi-même
une marionnette, autrement dit un acteur de théâtre.

*Un acteur est-il vraiment semblable à une marion-
nette ? Cela paraît discutable...*

Telle était en tout cas mon idée du théâtre et du
métier de comédien. Je n'aimais pas le théâtre psychologique voué à imiter la « réalité ». Pour moi, ce théâtre
dit réaliste était une expression vulgaire, dans laquelle,
sous prétexte de restituer le réel, on cherchait à recréer
la dimension la plus apparente mais aussi la plus creuse
et grossière du monde tel qu'il est généralement perçu.
Ce que l'on nomme en général « réalité » n'est qu'une
partie, qu'un aspect d'un ordre autrement plus vaste.
Ce théâtre soi-disant réaliste me semblait — me semble
toujours ! — faire l'impasse sur la dimension inconsciente, onirique et magique de la réalité. Or, encore une
fois, la réalité n'est pas rationnelle, bien que nous le
prétendions dans le but de nous rassurer. Les compor-
tements humains sont en général motivés par des forces
inconscientes, quelles que puissent en être ensuite les
rationalisations. Et le monde lui-même n'est pas un
endroit rigide mais un foisonnement d'influences mys-
térieuses. Ne retenir de la réalité que l'apparence
immédiate, c'est la trahir et succomber à l'illusion, fût-

ce sous couvert de « réalisme ». Détestant le théâtre réaliste, j'ai commencé à prendre en grippe la notion d'auteur. Je ne voulais pas voir des comédiens répéter un texte écrit au préalable ; j'avais plutôt envie d'assister à un acte théâtral n'ayant rien à voir avec la littérature. Je me suis dit : « Pourquoi s'appuyer sur un texte dit théâtral, sur une pièce ? Tout peut être joué, mis en scène. Je pourrais mettre en scène le journal du jour, monter un merveilleux drame à partir de la première page d'un quotidien. » J'ai donc commencé à travailler ainsi et à faire l'expérience d'une liberté croissante. Ne prétendant pas imiter la réalité, je pouvais bouger à ma guise, faire les mouvements les plus fous, hurler... Très vite, la scène elle-même m'est apparue comme une limite. J'ai voulu sortir le théâtre du théâtre. J'ai par exemple imaginé une pièce située dans un autobus. Le public attendait aux arrêts et montait dans le bus qui parcourait la ville. Tout à coup, il fallait descendre et entrer dans un bar, une maternité, un abattoir, bref pénétrer là où quelque chose se passait, puis repartir... Les expériences auxquelles je me suis livré ont par la suite été retrouvées ou reprises par d'autres. Lorsque mon spectacle était censé se dérouler dans un théâtre, il m'arrivait d'emmener les spectateurs dans les souterrains, dans les WC ou sur les toits. Puis m'est venue l'idée que le théâtre pouvait se passer de spectateurs et ne devrait comporter que des acteurs. J'ai donc organisé de grandes fêtes dans lesquelles tout le monde pouvait jouer. Enfin, il m'est apparu qu'interpréter un personnage était inutile. L'acteur, me suis-je alors dit, doit tenter d'interpréter son propre mystère, d'extérioriser ce qu'il porte en lui. On ne va pas au théâtre pour se

fuir mais pour reprendre contact avec le mystère que
nous sommes. Le théâtre ne m'intéressait pas en tant
que distraction mais en tant qu'outil de connaissance de
soi. C'est pourquoi à la « représentation » classique, j'ai
substitué ce que j'ai nommé l'« éphémère panique ».

Alors, qu'est-ce précisément que l'« *éphémère panique* » *?*

A ce point de notre discussion, peut-être devrais-je
me référer à un texte vieux de trente ans, publié en 1965
dans un livre conçu par Arrabal et intitulé *Le Panique*
(Bourgois, collection 10/18). J'y avais formulé l'essentiel de ma démarche et de mes conceptions théâtrales :

« Pour arriver à l'euphorie panique, il faut se libérer
de l'édifice théâtre, et ceci avant tout. Du point de vue
architectural, qu'ils prennent la forme qu'ils prennent,
les théâtres sont conçus pour des acteurs et des
spectateurs ; ils obéissent à la loi primordiale du jeu qui
est de délimiter un espace, c'est-à-dire isoler la scène de
la réalité, et imposent (principal facteur anti-panique),
une conception *a priori* des relations de l'acteur et de
l'espace. Avant tout, l'acteur doit servir l'architecte, et
tout de suite après l'auteur. Les théâtres imposent les
mouvements corporels, ne serait-ce que le geste
humain qui détermine l'architecture. En éliminant le
spectateur dans la fête panique, on élimine automati-
quement le " fauteuil " et le " jeu " devant un regard
immobile. Le lieu où se passe l'" éphémère " est un
espace mal délimité, de telle sorte qu'on ne sait pas où
commence la scène et où commence la réalité. La
" bande panique " choisira le lieu qui lui plaira le plus :
un terrain vague, un bois, une place publique, un

amphithéâtre de chirurgie, une piscine, une maison en ruine, ou bien, un théâtre traditionnel, mais en employant tout son volume : manifestations euphoriques entre les fauteuils, dans les loges ou les toilettes, débordant le long des couloirs, dans la cave, le foyer, le toit, etc. On peut aussi faire un " éphémère " sous la mer, dans un avion, dans un train express, un cimetière, une maternité, un abattoir, un asile de vieillards, dans une grotte préhistorique, dans un bar d'homosexuels, un couvent, pendant une veillée mortuaire. L'" éphémère " étant une manifestation concrète, on ne peut y évoquer des problèmes d'espace et de temps : l'espace a ses mesures réelles et ne peut symboliser un autre espace ; il est ce qu'il est dans l'instant même. Il en est de même pour le temps : on ne peut y figurer l'âge. Le temps qui passe est réellement ce que durent les actions réalisées en ce moment. Dans ce temps réel et cet espace objectif, se meut l'ex-acteur. L'acteur est un homme qui divise son activité entre une " personne " et un " personnage ". Avant le panique, on pouvait compter, d'une manière claire et précise, deux écoles théâtrales : dans l'une, la personne-acteur devait se fondre totalement dans le " personnage ", se mentir à soi-même et aux autres avec une telle maîtrise qu'il en arrivait à perdre sa " personne " pour devenir un *autre*, un personnage aux limites plus concises, fabriqué à coup de définitions. Dans la deuxième école, on enseignait à jouer d'une manière éclectique, de telle sorte que l'acteur étant *personne* était en même temps *personnage*. À aucun moment on ne devait oublier qu'on était en train de jouer et la personne, pendant la *représentation*, pouvait critiquer son *personnage*.

L'ex-auteur, homme panique, ne *joue* pas dans une *représentation* et a totalement éliminé le *personnage*.

Dans l'" éphémère ", cet homme panique essaie d'arriver à la *personne* qu'il est en train d'être.

Faire jouer un rôle, c'est ce qui plaît aux dramaturges. Il arrive très souvent que sur la scène on place une autre scène où d'autres acteurs jouent devant les premiers acteurs.

Le panique pense que dans la vie quotidienne tous les " augustes " cheminent déguisés en jouant un personnage et que la tâche du théâtre est de faire en sorte que l'homme cesse de jouer un *personnage* devant d'autres personnages, qu'il finisse par l'éliminer pour s'approcher peu à peu de la *personne*.

C'est le chemin inverse des anciennes écoles théâtrales ; au lieu d'aller de la personne au personnage — comme croyaient le faire ces écoles —, le panique essaie d'arriver du personnage qu'il est (par l'éducation anti-panique implantée par les " augustes ") à la personne qu'il renferme. Cet " autre " qui s'éveille dans l'euphorie panique n'est pas un fantoche fait de définitions et de mensonges mais un être avec des limitations moindres. L'euphorie de l'" éphémère " conduit à la totalité, à la libération des forces supérieures, à l'état de grâce.

En résumé : l'homme panique ne se cachera pas derrière des " personnages " mais essaiera de trouver son mode d'expression réelle. Au lieu d'être un exhibitioniste menteur, il sera un poète en état de transe. (Entendons par poète, non l'écrivain de bureau mais l'athlète créateur.) »

Comment avez-vous concrètement mis en œuvre ce programme-manifeste ?

J'ai encouragé les spectateurs-acteurs à la pratique d'un acte théâtral radical consistant à jouer son propre drame, à explorer sa propre énigme intime. Ce fut pour moi le début d'un théâtre sacré et presque thérapeutique. Puis, j'en suis venu à voir que si j'avais, dans mon expression théâtrale, fait éclater les formes, l'espace, le rapport acteur-spectateur, je ne m'étais pas encore attaqué au temps. J'étais encore prisonnier de l'idée selon laquelle le spectacle doit être répété, joué à plusieurs reprises. À l'époque où les « happenings » étaient en train de voir le jour aux États-Unis, j'ai donc pour ma part inventé au Mexique ce que j'ai appelé l'« éphémère panique ». Cela consistait à monter un spectacle qui ne pourrait être donné qu'une seule fois. Il fallait donc y introduire des choses périssables : de la fumée, des fruits, de la gélatine, des animaux vivants... Il s'agissait d'y accomplir des actes qui ne pourraient jamais être répétés. Bref, je voulais que le théâtre, au lieu de tendre vers le figé, vers la mort, en revienne à sa spécificité même : l'instantané, le fugitif, le moment à jamais unique. En cela, le théâtre est à l'image de la vie où, selon le dit d'Heracite, on ne se baigne jamais dans le même fleuve. Concevoir ainsi le théâtre, c'était le pousser à bout, aller au paroxysme de cette forme d'art. Dans *La Tricherie sacrée*, je vous ai raconté certaines choses concernant les happenings, je n'y reviendrai donc pas. Ce qu'il me paraît important de dire maintenant, c'est que, par le happening, j'ai redécouvert l'acte théâtral et son potentiel thérapeutique.

Comment vous y preniez-vous ? Quels étaient les ingrédients de ces happenings ?

Bueno, je choisissais un lieu quelconque, tout plutôt qu'un théâtre : l'École des beaux-arts, un asile d'aliénés, un sanatorium, une école pour mongoliens... Je prenais des endroits existants et y situais l'action.

Vous laissait-on vraiment installer l'éphémère panique en de tels lieux ?

Oui, c'est la merveille du Mexique ! La discipline est inexistante, on autorise ce genre de choses. Un jour, nous avons monté un grand ballet dans un cimetière : ce fut un moment fort, la danse des vivants parmi les morts... Puis, une fois le lieu sélectionné, je faisais appel à un groupe de personnes désirant s'exprimer. Je ne m'adressais surtout pas à des acteurs mais à des gens prêts à accomplir un acte public et gratuit. Les conditions étaient alors réunies pour l'avènement de l'« éphémère »...

L'« éphémère » tel que vous le pratiquiez avait, si je ne me trompe, quelque chose de grandiose : on y trouvait tous les ingrédients d'une fête somptueuse. Où trouviez-vous les moyens financiers pour organiser de tels événements ?

J'ai toujours trouvé de l'argent. Pour moi, un éphémère panique devait précisément être une fête ; or, lorsqu'on donne une fête, on ne demande pas aux invités de payer pour les boissons et les mets qu'ils consomment. Je m'arrangeais toujours : je touchais des droits d'auteur, montais des pièces plus classiques, souvent sous un autre nom... Le fait est que, comme Gurdjieff, je n'ai jamais eu de problème financier, ce qui, étant donné la manière dont je n'ai cessé de fonctionner, relève du miracle ! D'ailleurs, je crois au miracle, ou plutôt à l'existence d'une loi : si mes intentions sont pures et si je fais ce que je dois, l'argent viendra, d'une manière ou d'une autre. Peut-être ne serai-je jamais à proprement parler riche ; mais je disposerai toujours des moyens financiers correspondant aux besoins du moment. Quand de l'argent rentrait dans ma caisse, je l'investissais dans un happening. Je demandais à une personne de ma connaissance ce qu'elle avait envie d'exprimer et lui donnais les moyens de le faire. Cette façon d'aborder le happening avait donc déjà une valeur thérapeutique. C'était aussi une manière de continuer sur la lancée des actes poétiques dont nous avons parlé.

Quels enseignements avez-vous tirés de ces happenings ?

Je me suis rendu compte que bien des gens portent en eux un acte que les conditions ordinaires ne leur permettent pas d'accomplir. Mais dès l'instant où l'on offre à quelqu'un la possibilité concrète d'exprimer publiquement et dans des circonstances favorables l'acte qui dort en lui, il est rare que la personne hésite. Si je vous demandais à brûle-pourpoint : « Quel acte aimeriez-vous accomplir en public ? », je suis certain qu'une réponse vous viendrait immédiatement et que, si je réunissais les conditions propices à l'accomplissement de ce geste, vous seriez ravi de jouer le jeu.

J'avoue que je suis perplexe...

Je vais vous donner quelques exemples : dans les années soixante, j'avais fondé au Mexique un groupe Panique, non pas avec des acteurs et autres artistes mais avec des gens enthousiastes en quête d'une manière authentique de s'exprimer, hors de tout conformisme. M'étant fait prêter la grande cour de l'école San Carlos, je proposai à mes amis d'imaginer quel acte ils aimeraient accomplir en public et leur donnai les moyens de le réaliser. Le célèbre peintre Manuel Felguerez se joignit à la manifestation panique et décida d'exécuter publiquement une poule afin de confectionner un tableau abstrait à l'aide des tripes et du sang pendant qu'à ses côtés sa femme, vêtue d'un uniforme de soldat nazi, dévorait une douzaine de tacos au poulet maison.

Voilà qui est du meilleur goût... Vraiment, c'est exquis. Vous en avez d'autres ?

Des centaines ! Une jeune fille voulut danser nue sur un rythme africain tandis qu'un barbu lui couvrait le corps de mousse à raser. Une autre désira paraître en danseuse classique, avec un tutu mais sans culotte, et uriner tandis qu'elle interprétait la mort du cygne. Un étudiant en architecture voulut arriver avec un mannequin de vitrine pour le frapper brutalement à coups de hache sur le ventre et le sexe. Une fois le mannequin détruit, il en sortit plusieurs mètres de chorizo et des centaines de petites boules de cristal. Un autre étudiant parut habillé en professeur de mathématiques apportant un grand sac rempli d'œufs. Au fur et à mesure qu'il récitait ses formules algébriques, il se cassait un œuf après l'autre sur le front. Un autre arriva avec une bassine en fer-blanc et plusieurs litres de lait. Debout dans la bassine, il se mit à réciter un parfait poème de fête des mères cependant que, tout habillé, il se vidait les bouteilles de lait sur la tête. Une femme à la longue chevelure blonde, habillée en collants noirs décorés de perles aux mollets, parut s'appuyant sur des béquilles et criant à tue-tête : « Je suis innocente ! Je suis innocente ! » Dans le même temps, elle sortait d'entre ses seins des morceaux de viande crue qu'elle lançait au public. Elle s'assit ensuite sur une chaise d'enfant et se fit entièrement raser par un coiffeur. Devant elle, il y avait un landeau plein de têtes de poupées de toutes tailles, sans yeux et sans cheveux. Une fois tondue, la femme commença à lancer les têtes sur le public en glapissant : « C'est moi ! c'est moi ! » Un garçon en smoking poussa sur scène une baignoire recouverte d'une grande serviette de bain. On devinait au poids de la baignoire qu'elle était emplie de liquide. Il sortit et revint portant dans ses bras une jeune fille habillée pour la noce. Lui, sans la lâcher, retira la serviette : la baignoire était pleine de sang. Portant toujours la fiancée, il lui caressa les seins, le pubis et les jambes pour finir, de plus en plus excité, par la plonger dans le sang. Il se mit immédiatement à la frotter avec une pieuvre vivante tandis qu'elle entonnait un air d'opéra. Une femme extraordinairement attirante, aux allures de vamp hollywoodienne, vêtue d'une longue robe dorée qui la moulait, vint sur scène une paire de grands ciseaux à la main. Plusieurs hommes bruns se traînaient vers elle, lui offrant chacun une énorme banane qu'elle coupait de ces ciseaux en riant à gorge déployée...

Bon, n'en jetez plus ! D'aucuns verraient surtout dans ces descriptions baroques une panoplie de fantasmes...
Vous mettez en avant la valeur thérapeutique de ces

actes ; mais ne court-on pas le risque de sombrer dans l'exhibitionisme pur et simple ?

Au Mexique, il était interdit de se livrer en public à tout acte ayant des connotations franchement sexuelles. Comme je ne tenais pas à être traîné en justice, j'exerçais tout de même un certain contrôle et écartais ceux dont les actes eussent été tenus pour des atteintes à la pudeur. De même, je me suis toujours soigneusement tenu à l'écart des histoires de drogue. Notez bien que la censure ne s'exerçait que dans ces deux domaines : un fou a un jour tenu à manger sur scène une colombe vivante. Cela a provoqué un tollé général, des évanouissements, des articles outragés dans les journaux, mais on ne pouvait me mettre en prison, ce qui eût été le cas s'il s'était agi d'un scandale sexuel. Le sexe mis à part, tout était permis.

Vous me parlez là d'une limite imposée de l'extérieur par la loi du pays ; qu'auriez-vous fait en l'absence de ces restrictions ?

Vous savez, aux États-Unis, il était courant dans le cadre des happenings de se livrer sur scène à des sortes d'orgies collectives où les participants procédaient à des attouchements tout en fumant de la marijuana. J'ai été plusieurs fois invité à ce genre de réjouissances, à New York ou ailleurs, mais ai toujours décliné car je me suis très vite rendu compte que cette voie était une impasse. Tout cela aboutissait finalement à une forme sournoise de pornographie. Or, la pornographie n'est pas constructive mais destructrice : sous couvert de liberté, elle ne nous propose qu'une nouvelle manière d'être esclave.

Nous en revenons à l'histoire du piment et du papillon... Si l'acte est une action et non une réaction, où se situe la limite entre le fait de purement et simplement lâcher les fauves qui sommeillent dans nos profondeurs, au risque qu'ils ne nous dévorent, et l'accomplissement conscient d'un acte libérateur ?

Il s'agit d'une frontière très subtile et c'est bien là le danger de ce genre de pratiques. J'ai tout de suite vu venir à moi des gens aux yeux desquels la pornographie ou le vandalisme passaient pour des actes. Je ne les ai pas encouragés car l'expérience acquise au fil des actes poétiques m'avait enseigné à ne véhiculer que des choses positives. Néanmoins, il est très difficile de discerner le « positif », en d'autres termes ce qui va dans le sens de la vie et de son expansion, du « négatif », j'entends par là ce qui va dans le sens de la mort et de la destruction, lorsque l'on met en scène des « actes » ; en effet, l'acte en lui-même implique que l'on renoue avec ce qu'il y a en nous d'obscur et de violent, d'inavouable et de refoulé. Quelque positif qu'il puisse en fin de compte s'avérer, tout acte va nécessairement charrier de la « négativité ». L'important est que ces énergies destructrices qui, de toute façon, lorsqu'elles demeurent stagnantes, nous grignotent de l'intérieur, puissent être mises à jour dans une expression canalisée et transformatrice. L'alchimie de l'acte réussi transmute la ténèbre en lumière.

Votre responsabilité est tout de même écrasante ! Ne risquez-vous pas de jouer les apprentis-sorciers ?

Aujourd'hui, non. Tout risque n'est pas exclu, car le

danger fait partie de la vie. Si l'on veut rester recroquevillé sur son petit monde sans mettre en cause ses
fonctionnements, pas la peine de tenter un acte qui
implique que l'on s'expose ! Mieux vaut rester chez soi
à regarder la télévision... Mais le travail que je propose à
l'heure actuelle est fondé sur une longue expérience,
expérience que je n'avais pas à l'époque, déjà lointaine,
des happenings. En outre, je n'étais pas censé jouer les
thérapeutes : c'était avant tout en tant qu'artiste,
homme de théâtre en quête d'une expression totale que
j'explorais cette forme d'art dont je voyais par ailleurs
qu'elle pouvait avoir des vertus thérapeutiques. Il faut
resituer ces expérimentations dans leur contexte. Cela
dit, j'admets avoir à ce moment-là commis quelques
fautes. Par exemple, la dévoration publique de la
colombe m'apparaît aujourd'hui comme une erreur de
parcours, un acte purement destructeur. Mais je ne m'y
attendais pas ! Je n'avais pas imaginé que cet homme
puisse se livrer à quelque chose de semblable, jamais il
ne m'avait fait part de cette intention-là. Lorsque je l'ai
vu arriver avec cet animal vivant, j'ai reçu un choc et me
suis senti dépassé... Je reconnais ma folie de l'époque.
Mais, que voulez-vous, on ne devient sage qu'en
traversant sa folie.

*Vous est-il arrivé de prendre peur, de perdre le
contrôle d'une énergie que vous aviez générée ? Y a-t-il
eu des moments où l'éphémère panique a basculé dans la
panique pure et simple ?*

Ha ha ha ! Il y a eu des instants limites, mais je crois
avoir toujours été mystérieusement protégé. J'avais été
très frappé de voir Jerry Lee Lewis brûler son piano à la

fin de ses concerts ; il m'est ainsi arrivé de mettre le feu à un piano et de générer un mouvement de panique dans la salle. Une autre fois, au Centre américain de Paris, lors d'un éphémère qui devait rester dans les annales et dont je vous ai parlé dans *La Tricherie sacrée*, j'avais un panier plein de vipères que je m'apprêtais à jeter sur le public. Pouvez-vous imaginer l'apocalypse à laquelle nous aurions assisté ? Mais à l'instant même où j'allais passer à l'acte, une sorte de sixième sens m'a prévenu du danger. J'ai soudain eu la vision d'une épouvantable panique, de crises cardiaques, de personnes piétinées ou étouffées dans la ruée vers la sortie... C'eût pu être une véritable catastrophe...

Pourriez-vous me donner un exemple de happening outrancier ayant pour vous valeur initiatique ?

À cette époque, j'étais jeune et pas si laid que ça. J'avais donc quelques admiratrices. Quatre d'entre elles ont voulu mettre en scène une étrange prestation : au Mexique, on a coutume de boire de la tequila accompagnée d'une sorte de jus de tomate piquant nommé sangrita. Il y a donc toujours deux bouteilles, l'une de tequila, l'autre de sangrita. Les demoiselles sont venues sur scène m'offrir une bouteille de tequila, me demandant de boire. Après que je me suis exécuté, un médecin est arrivé et leur a prélevé à chacune un peu de sang. Ce sang a été versé dans un verre qu'elles m'ont présenté en me disant : « Bois maintenant la sangrita ; bois le sang de tes disciples... » Ce fut pour moi un véritable choc. Je me suis lancé dans un long discours sur le pain, le vin, la cène, l'ultime repas du Christ, tout en me disant que puisque j'avais été assez fou pour organiser ces happenings, il me faudrait maintenant faire face aux conséquences de mes propres actes. Lorsque je me suis finalement décidé à boire le sang, il s'était coagulé ! En tant que créateur de l'éphémère panique, il m'était impossible de me dérober : je n'ai donc non pas bu mais mangé le sang de mes ouailles...

Au-delà de leur côté outrancier, voire révoltant, de telles expériences ont une valeur initiatique. Elles t'obligent à passer très concrètement, ne serait-ce que pour un moment, au-delà de l'attraction et de la répulsion, des conditionnements culturels, des critères du beau et du laid...

Ces femmes m'ont mis au pied du mur, et il m'a bien fallu sortir des discours et de l'esthétique pure. Ce fut un enseignement. J'admets que tous ces actes n'étaient pas toujours accomplis en pleine conscience et qu'il s'agissait d'une période expérimentale, mais c'est en entrant dans la cage que l'on dompte le tigre.

Du point de vue artistique, ces pratiques vous ont valu une réputation plutôt sulfureuse...

L'impact en a été considérable. Je recevais un abondant courrier où le dithyrambe voisinait avec l'invective, voire la menace. Le monde du théâtre mexicain en a été révolutionné. Du Mexique, je suis venu à Paris où a eu lieu cet extraordinaire happening du Centre américain.

Nous l'avons déjà évoqué dans la Tricherie sacrée, mais peut-être pourriez-vous en reparler, dans la mesure où ce fut pour vous une sorte d'apothéose, un acte convulsif et purificateur...

Oui, ce fut une fête grandiose, une célébration où les puissances des ténèbres jaillirent de la trappe pour lutter au grand jour avec les forces lumineuses, une empoignade entre anges et bêtes, un rituel saturé de sagesse et de folie... Ce spectacle panique avait été minutieusement préparé. J'avais acquis une expérience et n'avançais plus à l'aveuglette : les risques étaient pris en toute connaissance de cause. Montant cet événement, j'étais conscient d'aller au-devant d'une mort, d'un rite de passage dont je ne pourrais sortir qu'anéanti ou transformé... Vous comprenez, il ne s'agissait pas pour moi de me faire plaisir en me livrant à une petite masturbation intellectuelle devant un public choisi. Les élucubrations avant-gardistes issues des cerveaux rabougris de quelques pseudo-artistes plein d'eux-mêmes, je n'en avais rien à foutre ! Je ne m'en préoccupai pas davantage que je ne me soucie aujourd'hui du petit milieu craintif de la « spiritualité », de l'opinion de ces gens perpétuellement apeurés qui cherchent refuge dans un nirvana de pacotille afin d'éviter de faire face aux monstruosités de la vie, à la dimension panique du quotidien... Il n'était pas question de monter un gentil petit spectacle dont la critique branchée applaudirait l'audace, mais de me mettre totalement en cause. Je voulais m'exposer, mettre en jeu la vie, la mort, la folie, la sagesse, procéder à une sorte de sacrifice rituel.

Alors, racontez !

La première partie reposait sur des créations de Topor, Arrabal et Alain-Yves Leyaouanc. Topor me donna quatre dessins que je mis en scène avec un corps

de ballet — celui de Graciela Martinez — habillé de
costumes en toile blanche sur lesquels l'artiste lui-
même dessina, et des personnages découpés dans du
bois. Le public put ainsi assister au ballet de Topor qui
se déroula lentement, sur un fond noir. Il figurait les
étapes de l'initiation d'une très jeune fille : la première
paire de collants, apportée sur un petit chariot par une
vieille femme sans jambes, la première paire de chaussures, le premier soutien-gorge (deux personnages
chaplinesques venaient ruer de coups de pied un
énorme sein en plâtre, soulevant ainsi un nuage de
poussière), le premier rouge à lèvres, les premiers
bijoux...

Arrabal me confia une petite comédie de quatre
pages : l'histoire d'une princesse amoureuse d'un
prince à tête de chien et qui finit par le tromper avec un
prince à tête de taureau. Pour cette scène, j'avais rempli
le plateau d'un millier de poussins qui piaillaient de
manière étourdissante. La princesse masturbait une
corne de taureau jusqu'à ce qu'en jaillisse une coulée de
lait concentré. Ces deux premières parties constituaient
à mes yeux le prologue comico-poétique au « Mélodrame sacramentel ». Quelques-uns des plus célèbres
poètes américains de la Beat Generation, dont Allen
Ginsberg et Laurence Ferlinghetti, assistaient à l'événement. Ce dernier en fut d'ailleurs si impressionné qu'il
me demanda pour son *City Lights Journal* une description écrite du « Mélodrame sacramentel », précédée
d'un petit avant-propos explicatif. Le plus simple serait
que je vous donne lecture de ce document, publié à San
Francisco en 1966 ; rédigé « à chaud », il véhicule
vraiment toute la folie et la beauté de cet éphémère

panique, mieux que ne sauraient le faire mes souvenirs
d'aujourd'hui.

Allons-y ! J'attache ma ceinture...

« LE BUT DU THÉÂTRE : provoquer des accidents.

Le théâtre devrait se fonder sur ce que l'on a
jusqu'alors appelé des " erreurs " : des accidents éphé-
mères. En acceptant son caractère éphémère, le théâtre
découvrira ce qui le distingue des autres arts, et par là
même, s'ouvrira à sa propre essence. Les autres arts
laissent des pages écrites, des enregistrements, des
toiles, des volumes : des traces objectives que le temps
n'efface que très lentement. Le théâtre, lui, ne devrait
pas même durer une seule journée de la vie d'un
homme. À peine né, il devrait être aussitôt mort. Les
seules traces qu'il laissera seront gravées à l'intérieur
des êtres humains et se manifesteront par des changements psychologiques. Si le but des autres arts est de
créer des œuvres le but du théâtre est de directement
changer les hommes : si le théâtre n'est pas une science
de la vie, il ne saurait être un art. »

« MÉLODRAME SACRAMENTEL : un éphémère panique
présenté le 24 mai 1965 au deuxième festival d'expression libre de Paris.

Un espace scénique d'où on a retiré toutes les cordes,
les décors, etc. En d'autres termes, une scène nettoyée
de toutes ses ordures : des murs nus.

Tout est peint en blanc, y compris le plancher.

Une automobile noire (en bon état) ; les vitres en
sont brisées, de sorte qu'elle puisse abriter des objets,
être utilisée comme un vestiaire, un endroit où se
reposer, etc.

Deux boîtes blanches sur lesquelles sont disposés des
objets blancs.

Un étal de boucherie, une hachette.

Un pot d'huile bouillante sur un réchaud électrique.

Avant le lever de rideau, on fait brûler de grandes quantités d'encens.

Toutes les femmes ont les seins nus.

Deux d'entre elles, étendues par terre, sont entièrement peintes en blanc.

Une autre femme, peinte en noir, est sur le toit de l'automobile noire. À côté d'elle, une autre, peinte en rose. Toutes deux ont les pieds dans une bassine d'argent.

Une femme vêtue d'une longue robe argentée, les cheveux arrangés en demi-lune, s'appuie sur deux béquilles. Tout son visage est masqué, y compris son nez et sa bouche. Deux trous dans la robe révèlent ses têtons, un autre révèle ses poils pubiens. Elle porte une grande paire de ciseaux en argent.

Une autre femme encore, qui porte une cagoule de bourreau, de grandes bottes de cuir, une ceinture épaisse. Elle tient un fouet. Ses seins sont recouverts d'un châle noir.

Groupe de rock'n roll : six garçons avec les cheveux sur les épaules.

Personne ne doit avoir pris de drogues, à l'exception des musiciens.

Une rampe relie la scène au public. Les objets et costumes utilisés durant le spectacle seront jetés aux spectateurs.

OUVERTURE SOUDAINE ET TONITRUANTE DU RIDEAU. LE CALME AVANT LA TEMPÊTE.

J'apparais, habillé d'un costume de plastique noir brillant, pantalon et haut comme ceux d'un éboueur, bottes de caoutchouc, gants de cuir, grosses lunettes en plastique. Sur ma tête, un casque de moto blanc, comme un grand œuf.

Deux oies blanches. Je leur coupe la gorge. La musique éclate : cascade de guitares électriques.

Les oiseaux déambulent, agonisants. Les plumes volent. Le sang gicle sur les deux femmes blanches. Transe. Je danse avec elles. Je les bats avec les cadavres. Bruit de mort. Sang.

(J'avais prévu d'égorger les oiseaux sur l'étal de boucherie. Mais, dans mon état de transe, emporté par une force étrange, je leur ai arraché le cou à mains nues aussi facilement que j'aurais débouché une bouteille.)

La femme rose, ses pieds toujours dans la bassine, ondule les hanches tandis que la noire, comme une esclave, commence à couvrir son corps de miel.

Je détruis les oies sur la table de boucherie.

La femme argentée ouvre et referme violemment ses ciseaux. Ah, ce bruit métallique !

Elle donne les ciseaux aux deux femmes blanches qui commencent à découper le plastique noir.

Elles détruisent mon costume. Je perds mes bottes et mes gants. Curieusement possédées elles aussi, les femmes finissent de déchirer mon costume à mains nues.

Mon corps est alors revêtu de vingt livres de bifteck cousues en une chemise.

Les femmes, en hurlant, se jettent sur la viande rouge et la déchiquètent morceau par morceau. Elles donnent les morceaux à la femme argentée. Avec une énorme cuillère en argent, elle jette calmement les biftecks dans l'huile bouillante. (La proximité du réchaud et des corps des femmes en sueur produit des chocs électriques.)

Chaque morceau de viande ainsi frite est posé sur un plat blanc ; les deux femmes posent les plats en vue du public.

Je reste habillé d'un pantalon de cuir noir. Un phallus fait de la même matière est accroché perpendiculairement au sol. J'ai des bracelets de cuir sur les poignets et les chevilles : hommage à Maciste, l'Hercule du peplum italien. Concentration. Karaté-kata. Je ramasse la hachette et découpe en tranches mon phallus en cuir sur l'étal de boucherie.

La femme noire, consciente de son squelette, danse, elle bouge ses os comme une marionnette tandis que je casse les plats blancs à coups de marteau.

Les femmes blanches dansent sans s'arrêter. Lorsqu'elles se sentent fatiguées, elles prennent la posture de zazen.

J'amène un cadre de métal. Lentement, je lève le châle noir couvrant les seins du bourreau. Sa peau n'est pas peinte. Elle a une poitrine forte et saine, un corps puissant.

Je me passe le cadre autour du cou en tournant le dos au public.

La femme me donne un coup de fouet.

Je trace une ligne rouge sur son sein droit avec du rouge à lèvres.

Deuxième coup de fouet. La ligne commence à son plexus solaire et descend jusqu'à son vagin.

(Le premier coup était fort, mais pas assez : il m'en fallait davantage. Je cherchais un état psychologique qui m'était encore inconnu. Il me fallait saigner pour me transcender pour casser ma propre image. Le deuxième coup me marqua instantanément. Puis le bourreau perdit le contrôle, car elle avait souvent rêvé de fouetter un homme. La troisième fois, tout excitée, elle me fouetta de toute sa force. La blessure mit deux semaines à guérir.)

La femme veut continuer à me battre ; elle me pousse

de toute sa force. Avec l'appareil autour du cou, je tournoie et tombe à terre. (J'aurais pu me casser les vertèbres cervicales, mais dans l'étrange état émotionnel où je me trouvais, le temps se ralentit et, comme si je me trouvais dans un film passé au ralenti, je pus tomber de telle manière que je me relevai sans la moindre blessure.) Je lui pince le sein afin de la faire revenir à elle-même. Calme.

La femme noire m'amène des citrons. Ah, cette couleur jaune !

Je les dispose par terre en cercle. Je m'agenouille au centre.

Un coiffeur professionnel, presque paralysé par la peur, s'approche pour me couper les cheveux.

La femme couverte de miel descend du toit de l'automobile. Je danse avec elle.

Désir sexuel, avec une force onirique. Ses collants semblent résumer toute l'hypocrisie sociale. Je les retire sans préambule. Ils filent le long de ses cuisses pleines de miel. Abeilles. L'impact de son pubis noir. La soumission de la femme. Ses yeux mi-clos. Son acceptation naturelle de la nudité. Liberté. Pureté. Elle s'agenouille à côté de moi. Sur son corps, partant du ventre, je colle les cheveux que l'on me coupe.

Je veux donner l'impression que ses poils pubiens poussent comme une forêt et envahissent tout son corps. Les mains du coiffeur sont paralysées par l'anxiété. C'est le bourreau qui doit achever de me raser la tête.

Deux modèles de chez Catherine Harley, étrangères à tout ce qui se passe et paniquées à l'idée de salir leurs vêtements de soie très coûteux (loués par l'occasion) vont et viennent, apportant sur scène deux cent cinquante baguettes de pain.

À présent, mon cerveau est en feu. Je sors d'un pot d'argent quatre serpents noirs. Au début, j'essaie avec du scotch de me les coller sur ma tête en guise de cheveux, mais je finis par me tenter de les mettre sur la poitrine comme deux croix vivantes. Ma transpiration m'en empêche.

Les serpents ondulent autour de mes mains comme de l'eau vive. Mariage.

Je poursuis la femme en rose avec les serpents. Elle se cache dans l'automobile, comme une tortue dans sa carapace. Elle danse à l'intérieur. Elle me fait penser à un poisson dans un aquarium.

J'effraie l'un des modèles habillés en vert. Elle laisse tomber son pain et saute en arrière.

Un spectateur rit. Je lui jette le pain à la figure. (Lors d'une réception, quelques jours après, cette femme vient me trouver et me dit que recevoir ce pain à la figure lui a donné l'impression de communier, comme si je lui avais introduit une gigantesque hostie à travers le crâne.)

Tout d'un coup, lucidité : je vois le public assis là dans les fauteuils, les gens paralysés, hystériques, excités, mais immobiles, sans participation corporelle, terrorisés par le chaos qui s'apprête à les engloutir ; j'ai envie de jeter les serpents sur eux ou de les faire exploser.

Je me refrène. Je refuse le scandale facile d'une panique collective.

Calme. Violence de la musique. Amplificateurs plein pot. Je revêts un pantalon, une chemise et des chaussures oranges. La couleur d'un bouddhiste brûlé vif.

Je pars et reviens avec une lourde croix faite de deux poutres en bois. Sur la croix, un poulet crucifié la tête en bas, le cul en haut, avec deux clous dans ses pattes, comme un christ décapité. Je l'ai laissé pourrir pendant une semaine. Sur la croix, deux panneaux de signalisation routière : en dessous, un panneau avec une flèche et la mention " sortie par le haut " ; au-dessus du poulet, un panneau avec la mention : " défense de sortir ". Je donne la croix à la femme argentée. J'en amène une autre. Deux panneaux indicateurs : toujours un en bas qui indique le haut ; toujours un en haut qui interdit de sortir.

Je donne la croix à l'une des femmes en blanc. J'amène une troisième croix. Je la donne à l'autre femme en blanc.

Les deux femmes chevauchent les croix, les transformant en de gigantesques phallus ; elles se battent ; l'une des deux fourre le bout de la croix dans la fenêtre de l'automobile et simule les mouvements d'un acte sexuel accompli avec le véhicule.

Je mets le bassin devant la croix. Le poulet crucifié est secoué par-dessus les têtes des spectateurs. Nous laissons les croix tomber.

Je choisis parmi les musiciens celui qui a les cheveux les plus longs. Je le soulève. Il est aussi raide qu'une momie. Je l'habille en costume de pape. Je le couvre d'étoles.

Les femmes, à genoux, ouvrent la bouche et tirent la langue aussi loin que possible.

Un nouveau personnage apparaît : une femme vêtue d'un costume tubulaire, comme un vers debout. Par ce costume, je veux suggérer l'idée d'une " forme papale " en décomposition. Un pape devenu camembert.

Le musicien, imitant les gestes d'un prêtre, ouvre une boîte de fruits au sirop. Il place un demi-abricot jaune dans la bouche de chacune des femmes. Elles l'avalent d'une seule bouchée.

Hostie baignant dans le sirop !

Une femme enceinte fait son entrée. Estomac de carton. Le pape remarque qu'elle a une main en plâtre. Il prend la hachette et la brise en mille morceaux. Il lui ouvre l'estomac à l'aide d'une pioche (je dois le contrôler pour l'empêcher de véritablement la blesser).

Il met les mains à l'intérieur de son estomac et en sort des ampoules électriques. La femme crie comme si elle était en train d'accoucher. Elle se lève, tire de son sein un bébé en caoutchouc et en frappe le pape sur la poitrine. La poupée tombe à terre. La femme s'en va. Je ramasse le bébé. Je lui ouvre le ventre avec un scalpel et en sort un poisson vivant dans les convulsions de l'agonie. Fin de la musique. Solo de batterie brutal.

Le poisson continue à se tortiller ; le batteur secoue des bouteilles de champagne jusqu'à ce qu'elles explosent.

En voyant la mousse tout recouvrir, le pape a une attaque épileptique. Le poisson meurt. La batterie se tait. Je jette l'animal par-dessus la rampe ; il tombe au milieu du public. Présence de la mort.

Tout le monde quitte la scène sauf moi.

Musique juive. Hymne atroce. Lenteur.

Deux mains blanches immenses me lancent une tête de vache. Elle pèse huit kilos. Sa blancheur, son humidité ; ses yeux, sa langue...

Mes bras ressentent sa froideur. Je deviens moi-même froid. L'espace d'un instant, je deviens cette tête.

Je sens mon corps : un cadavre sous la forme d'une tête de vache. Je tombe à genoux. Je veux hurler. Cela m'est impossible car la bouche de la vache est fermée. Je fourre mon index dans ses yeux. Mes doigts glissent sur les pupilles. Je ne sens rien sinon mon doigt — satellite sensible tournant autour d'une planète morte.

Je me sens comme la tête de vache : aveugle. Désir de voir.

Je perce la langue avec un poinçon ; j'ouvre les mâchoires. Je tire sa langue. Je dirige la tête, bouche ouverte, vers le ciel, tandis que moi aussi je regarde vers le haut, bouche ouverte.

Un hurlement qui ne vient pas de moi mais du cadavre. Une fois encore, je vois le public. Immobile, gelé, fait de peau de vache morte. Nous sommes tous le cadavre. Je lance la tête au milieu de la salle. Elle devient le centre de notre cercle.

Entre un rabbin (les immenses mains blanches étaient les siennes).

Il porte un manteau noir, un chapeau noir, une barbe blanche de Père Noël. Il marche comme Frankenstein. Il est debout sur une bassine en argent. Il sort trois bouteilles de lait d'une valise en cuir. Il les renverse sur son chapeau.

Je frotte ma joue contre la sienne. Son visage est blanc. Nous prenons un bain de lait. Baptême.

Il me saisit par les oreilles et m'embrasse passionnément sur la bouche. Ses mains saisissent mes fesses. Le baiser dure plusieurs minutes. Nous tremblons, électrisés. Kadish.

Avec un crayon noir, il trace deux lignes depuis les coins de ma bouche jusqu'à mon menton. Ma mâchoire ressemble maintenant à une poupée ventriloque. Il est assis sur l'étal de boucherie. L'une de ses mains appuie sur mon dos comme s'il voulait passer au travers, couper la colonne vertébrale, mettre ses doigts dans ma cage thoracique et me presser les poumons pour les forcer à crier ou à prier. Il me fait bouger. Je me sens comme une machine, un robot. Angoisse. Il faut que je cesse d'être une machine.

Je glisse ma main entre ses jambes. J'ouvre sa braguette. Je mets ma main dedans et avec une force insensée en tire un pied de cochon, semblable à celui que j'imaginais être le phallus de mon père lorsque j'avais cinq ans. Je sors mon autre main et tire une paire de testicules de taureau. J'étends les bras en croix. Le rabbin hurle comme s'il avait été castré. Il paraît mort.

La musique juive devient plus forte ; chaque fois, elle se fait de plus en plus mélancolique.

Un boucher apparaît, vêtu d'un chapeau, d'un manteau, d'une barbe noire, son tablier couvert de sang.

Il étend le rabbin et commence l'autopsie : il met ses mains dans le manteau et en tire un énorme cœur de vache. Odeur de viande. Je cloue le cœur sur la croix. Long morceau de tripes. Je le cloue.

Le boucher sort. Terrifié, je soulève le chapeau du rabbin. Je sors un cerveau de vache. Je l'écrase sur ma tête.

Je prends la croix et la mets près du rabbin. Je sors de la valise un long ruban de plastique rouge et attache le vieil homme à la croix couverte de tripes.

Je lève le tout : bois, viande, vêtements, corps, et le jette le long de la rampe qui descend jusqu'au public. (Le tout pesait près de 125 kilos : en dépit de la violence du choc, l'homme ne sentit rien et n'eut pas une égratignure.)

Entrent les femmes blanches, noires, roses et argentées.

Elles s'agenouillent.

Attente.

Entre un nouveau personnage : une femme couverte de satin noir coupé en triangles. Une sorte de toile d'araignée. Un bateau pneumatique de trois mètres de long est attaché à son costume et ressemble à un énorme vagin. Plastique orange gonflé d'air. Le fond du radeau est en plastique blanc.

Symbole : l'hymen.

Danse. Elle me fait signe. Quand j'approche, elle me repousse. Quand je m'éloigne, elle me suit. Elle grimpe sur moi. Le radeau me recouvre complètement. Je prends la hache. Je déchire le fond blanc. Hurlement. Je déchire la toile et prends refuge dans le vagin. Je reste entre ses deux jambes, caché par le satin noir. D'un sac caché près de son estomac, je sors quarante tortues vivantes que je jette au public.

Elles semblent jaillir de l'énorme vagin, comme des pierres vivantes, pourrait-on dire.

Je commence à naître. Cris d'une femme qui accouche. Une femme sanglote. Je tombe à terre au milieu du verre des ampoules électriques, des morceaux d'assiette, des plumes, du sang, des éclats de feux d'artifices (pendant qu'on me rasait la tête, j'en ai allumé trente-six, un pour chaque année de ma vie), flaques de miel, morceaux d'abricot, citrons, pain, lait, viande, haillons, éclats de bois, clous, sueur : je renais en ce monde. Mes cris ressemblent à ceux d'un bébé ou d'un vieil homme. Le vieux rabbin, faisant des efforts désespérés, sautille de-ci de-là, attaché à la croix comme un cochon en agonie. Il se libère du ruban de plastique. Il sort.

La femme-mère pousse vers moi la femme noire. Je la soulève. Je la porte au centre de la scène, elle a les bras écartés. Un cadavre-croix : la peinture noire suggère une crémation : ma propre mort.

En me donnant la vie, la femme a jeté la mort dans mes bras. Maculé du maquillage de ma partenaire, je commence à devenir tout noir. Mon visage ressemble à celui d'un brûlé.

Les femmes nous attachent l'un à l'autre avec des bandages. Je suis lié à elle par la taille, les bras, les jambes et le cou. Ce cadavre osseux est incrusté en moi et je suis incrusté en elle. Nous sommes semblables à deux siamois : nous ne faisons presque qu'un. Lentement, nous improvisons une danse. Nous nous vautrons à terre. Les mouvements ne sont ni les siens ni les miens, mais les deux en même temps. Nous pouvons les contrôler.

Les femmes blanches et roses nous aspergent de sirop de menthe, de cassis et de citron. Le liquide visqueux, vert, rouge et jaune nous recouvre ; mêlé à la poussière il forme une sorte de boue.

Magma.

Le rideau commence à doucement tomber. Nos deux corps unis s'agrippent l'un à l'autre, comme deux colonnes. Nous voulons nous lever ; nous tombons.

Le rideau est baissé.

(Tous les ingrédients employés dans le mélodrame sacramentel furent jetés au public : costumes, haches, containers, animaux, pain, pièces d'automobile, etc. Grandes prises de bec entre les personnes présentes qui se battirent comme des oiseaux de proie pour récupérer les reliques. Il ne resta rien.) »

Ahem, je me demande si je regrette d'avoir manqué ce happening ou si je me félicite d'y avoir échappé...

Attendez, ce n'est pas fini ! Le public se disputait donc les tortues vivantes, les viscères, les biftecks, les cheveux, etc. Je suis revenu sur scène et me suis adressé à lui en ces termes : « Généralement, on paye cher sa place au théâtre pour recevoir bien peu. Aujourd'hui, l'entrée était gratuite, vous n'avez rien payé mais avez beaucoup reçu. Il est minuit. Afin de vous présenter la dernière partie du poème, il me faut deux heures de préparation. Allez boire un café et revenez à deux heures du matin. »

Tout le monde applaudit et quitta la salle. À deux heures, le théâtre était de nouveau plein. J'ai alors commencé le cérémonial que m'avait proposé Alain-Yves Leyaouanc. Revêtu d'un costume des années vingt, je rasais le pubis de sa jeune épouse au son d'une musique sacrée. Sur son corps, elle avait collé des dominos. C'était un acte très émouvant et l'esprit dans lequel il était accompli générait de suite une atmosphère religieuse. Il y avait aussi une copie en plâtre du *Penseur* de Rodin dans laquelle nous faisions des trous à coups de marteau. Des jets d'encre de Chine sortaient de la tête du penseur, puis nous avons lâché dans la salle deux mille petits oiseaux. Ainsi que je vous l'ai dit, j'étais à la fin du happening, tellement nettoyé de moi-même que les oiseaux venaient se poser sur ma tête sans que j'y prête attention.

Quel était le sens de cette manifestation publique ?

C'était comme une ordination, le sacrifice rituel de ce qui avait longtemps fait ma vie. Ce happening devait, d'une part, rester dans les annales et d'autre part clôturer pour moi toute une période. J'en suis sorti épuisé, comme exsangue, et ai beaucoup réfléchi. Je voyais toujours rôder autour de moi le spectre de la destruction ténébreuse et sentais plus que jamais que le théâtre se devait d'aller dans le sens de la lumière. Cependant, me disais-je, n'oublie jamais que le lotus sort de la vase. Il faut explorer la fange, remuer la mort et la boue pour monter vers les cieux limpides. Ma préoccupation essentielle était désormais de promouvoir un théâtre positif, illuminant et libérateur. Je me suis alors rendu compte qu'il me fallait passer à une tout autre forme et ai commencé à pratiquer le théâtre-conseil : si quelqu'un — n'importe qui — désirait faire du théâtre, je lui communiquais la théorie suivante : le théâtre est une force magique, une expérience personnelle et intransmissible. Il n'appartient pas qu'aux acteurs mais à tout le monde. Il suffit d'une décision, d'une ébauche de résolution pour que cette force transforme ta vie. Il est temps pour l'être humain d'en finir avec les réflexes conditionnés, les circuits hypnotiques, les autoconceptions erronées. La littérature mondiale accorde une grande place au thème du « double » qui, peu à peu, expulse un homme de sa propre vie, s'empare de ses endroits favoris, de ses amitiés, de sa famille, de son travail, jusqu'à faire de lui un paria et parfois même à l'assassiner, selon certaines versions de ce mythe universel. Pour ma part, je crois que nous sommes le « double » et non l'original.

Voulez-vous dire que nous nous identifions à un personnage qui n'est qu'une carricature de notre identité profonde ?

Exactement. Notre autoconception...

Autrement dit l'idée que nous nous faisons de nous-même...

Oui, notre ego, peu importe le nom que nous donnons à ce facteur d'aliénation, n'est jamais qu'une pâle copie, une approximation de notre être essentiel. Nous nous identifions à ce double aussi dérisoire qu'illusoire. Et soudain, l'« Original » apparaît. Le maître des lieux commence à reprendre la place qui lui revient. Le moi limité se sent alors persécuté, en danger de mort, ce en quoi il a raison. Car l'« Original » finira par dissoudre le double. En tant qu'humains identifiés à notre double, nous devons comprendre que l'inquiétant envahisseur n'est autre que nous-même, notre nature profonde. Rien ne nous appartient, tout est à l'« Original ». Notre seule chance, c'est que l'Autre survienne et nous élimine. Nous ne souffrirons pas de ce meurtre, mais nous y prendrons part. Il s'agit d'un sacrifice sacré dans lequel l'on se rend tout entier au maître, sans angoisse...

En quoi le théâtre peut-il aider quiconque à revenir à l'« Original », pour reprendre votre expression ?

Puisque nous vivons enfermés dans ce que j'appelle notre autoconception, l'idée que nous avons de nous-même, pourquoi n'adopterions nous pas un tout autre point de vue ? Par exemple, demain, vous serez Rimbaud. C'est en tant que Rimbaud que vous vous réveillerez et vous laverez les dents ; vous vous habillerez comme lui, vous penserez comme lui, parcourerez la ville comme lui... Pendant une semaine, vingt-quatre heures sur vingt-quatre, et pour nul autre spectateur que vous-même, vous serez le poète, agissant comme un autre avec vos amis et connaissances sans leur fournir aucune explication. Vous parviendrez à être un auteur-acteur-spectateur, vous produisant non pas dans un théâtre mais dans la vie.

*Si je comprends bien, vous expliquiez cette théorie
à vos consultants puis leur fixiez un programme...*

Voilà ! J'établissais un programme, un acte ou une
série d'actes à accomplir dans la vie en un temps
donné : cinq heures, douze heures, vingt-quatre
heures... Un programme élaboré en fonction de leur
difficulté, destiné à casser le personnage auquel ils
s'étaient identifiés pour les aider à renouer avec leur
identité profonde. À un athée, j'ai fait adopter des
semaines durant la personnalité d'un saint. À une mère
indifférente, j'ai assigné le devoir d'imiter pendant un
siècle l'amour maternel. À un juge, je donnais la tâche
de se déguiser en clochard pour aller mendier devant la
terrasse d'un restaurant. De ses poches, il devait sortir
par pleines poignées des yeux en verre pris sur des
poupées. Je créais ainsi un personnage destiné à
s'implanter dans la vie quotidienne et à l'améliorer.
C'est donc à ce stade que ma recherche théâtrale a peu à
peu revêtu une dimension thérapeutique. De metteur
en scène, j'étais devenu conseiller théâtral, donnant aux
gens des directives pour prendre leur place en tant que
personnage dans la comédie de l'existence.

*Il est permis d'être sceptique quant aux effets de cette
thérapie théâtrale, quoique l'idée en soit en elle-même
très intéressante ; comment une mère indifférente pourrait-elle ainsi décider d'adopter le personnage d'une
mère aimante et surtout y parvenir sa vie durant ?*

D'abord, n'oubliez pas que les consultants souf-
fraient tous d'être assujettis à leur double. S'ils venaient
à moi, c'était précisément parce qu'ils se sentaient mal
dans leur rôle et pressentaient la tout autre nature de

l'« Original » en eux. La démarche se fondait donc sur un réel désir de changer. La mère indifférente, par exemple, souffrait de ne pas parvenir à témoigner beaucoup d'amour à son enfant. En outre, je crois aux vertus de l'imitation, dans le bon sens du terme. Un saint s'engagera dans la voie de l'« imitation de Jésus-Christ ». Pourquoi un athée lassé de son incroyance ne commencerait-il pas à imiter un saint ?

Pourquoi pas, en effet ; reste que toute imitation de ce genre — qui équivaut à ce que l'on nomme par ailleurs une ascèse ou pratique spirituelle — n'est pas si facile à vraiment mettre en œuvre jour après jour...

Je vous l'accorde. Mais quand bien même la mère indifférente ne le serait qu'un peu moins grâce à cette approche, quand bien même l'athée n'aurait fait qu'un pas vers la sainteté, ne serait-ce pas déjà merveilleux ?

Si...

III

L'ACTE ONIRIQUE

Le décryptage des songes nocturnes occupe une place de choix dans votre démarche d'artiste-chaman-metteur en scène-clown mystique en quête de cette autre forme de folie qu'est la sagesse...

Oui, mais l'interprétation des rêves est une pratique vieille comme le monde. Seules ont évolué au fil du temps les manières de les interpréter, depuis l'approche simpliste qui consiste à systématiquement attribuer une signification symbolique précise à telle et telle image jusqu'à la conception jungienne selon laquelle il ne s'agit surtout pas d'expliquer le rêve mais de continuer à le vivre dans l'analyse à l'état de veille afin de voir où il nous emmènera. L'étape suivante, située au-delà de toute interprétation, consiste à entrer dans le rêve lucide. Dans ce dernier, on se sait en train de rêver et cette conscience donne la possibilité de travailler sur le contenu du songe.

C'est la pratique prônée par Castaneda...

Il l'a popularisée mais ne l'a pas inventée. En fait, c'est en France qu'a été publié ce qui reste à ma connaissance le premier livre consacré au rêve lucide :

Le Rêve et les moyens de les diriger, d'Hervey de Saint
Denis. Dès 1867, cet auteur touchait à l'essentiel de la
question, ainsi qu'on en jugera à travers l'extrait dont je
vais maintenant vous donner lecture :

« Un rêve étant comme un reflet de la vie réelle, les
événements qui nous semblent s'y accomplir suivent
généralement, dans leur incohérence même, certaines
lois de succession conformes à l'enchaînement ordinaire de tous les événements véritables. Je veux dire,
par exemple, que si je songe avoir eu le bras cassé, je
croirai que je le porte en écharpe ou que je m'en sers
avec précaution : que si je rêve qu'on a fermé les volets
d'une chambre, j'aurai, comme conséquence immédiate, l'idée que la lumière est interceptée et que
l'obscurité se fait autour de moi. Partant de cette
considération, j'imaginai que si je faisais, en rêve,
l'action de me mettre la main sur les yeux, je devrais
obtenir tout d'abord une première illusion en rapport
avec ce qui m'arriverait réellement, étant éveillé, si
j'agissais de même ; c'est-à-dire que je ferais disparaître
les images des objets qui me semblaient placés devant
moi. Je me demandai ensuite si, cette interruption des
visions préexistantes étant produite, mon imagination
ne se trouverait pas plus à l'aise pour évoquer les
nouveaux objets sur lesquels j'essayerais de fixer ma
pensée. L'expérience suivit de près ce raisonnement.
L'apposition, dans mon rêve, d'une main sur mes yeux
fit disparaître vision d'une campagne au temps de la
moisson que j'avais inutilement essayé de changer par
la seule force imaginative. Je demeurai sans rien voir
pendant un moment, exactement comme cela me fût
arrivé dans la vie réelle. Je fis alors un nouvel appel
énergique au souvenir de la fameuse irruption des
monstres, et, comme par enchantement, ce souvenir

nettement placé, cette fois, dans l'objectif de mes pensées se dessina tout à coup clair, brillant, tumultueux, sans même que j'eusse, avant de me réveiller, le sentiment de la façon dont la transition s'était opérée... Si nous parvenons à bien établir que la volonté peut conserver assez de force, durant le sommeil, pour diriger la course de l'esprit à travers le monde des illusions et des réminiscences (ainsi qu'elle dirige le corps dans la journée à travers les événements du monde réel), il nous deviendra facile de nous persuader qu'une certaine habitude d'exercer cette faculté, jointe à celle de posséder souvent en rêve la conscience de son véritable état, conduiront peu à peu celui qui fera des efforts suivis sur lui-même à des résultats très concluants. Non seulement il devra reconnaître tout d'abord l'action de sa volonté réfléchie dans la direction des songes lucides et tranquilles, mais il s'apercevra bientôt de l'influence de cette même volonté sur les songes incohérents ou passionnés. Les songes incohérents se coordonneront sensiblement sous cette influence ; quant aux songes passionnés, pleins de désirs tumultueux ou de pensées douloureuses, le résultat de cette conscience et de cette liberté d'esprit acquises sera d'en écarter les images pénibles et d'y favoriser au contraire les riantes illusions. La crainte d'avoir des visions fâcheuses devenant d'autant moins vive qu'on en appréciera l'inanité, et le désir d'en voir apparaître de séduisantes d'autant plus actif qu'on se sentira le pouvoir de les évoquer, le désir sera bientôt plus fort que la crainte, et l'idée dominante étant celle dont les images surgissent, c'est le rêve agréable qui l'emportera. Telle est du moins la façon dont je m'explique, en théorie, un phénomène éprouvé pratiquement par moi d'une manière constante... »

Saisissant, non ? Je ne sais si Castaneda s'est inspiré de cet ouvrage ou s'il se trouve simplement que ses découvertes concordent avec celles de l'auteur. Toujours est-il que ce livre qui date de la fin du siècle dernier expose exactement la méthode donnée plus tard par Carlos. C'est André Breton qui m'avait conseillé de le lire.

Avez-vous commencé à faire des rêves lucides après l'avoir lu, ou était-ce déjà pour vous une expérience familière ?

J'ai eu l'incroyable chance de faire mon premier rêve lucide à l'âge de dix-sept ans. Dans le rêve, je me trouvais au cinéma où l'on projetait un dessin animé digne de Dali. Soudain, je me suis vu assis au milieu de la salle et j'ai réalisé que j'étais en train de rêver ! J'ai regardé vers la sortie, mais comme je n'étais qu'un adolescent dépourvu de toute culture spirituelle ou psychanalytique, je me suis dit : « Si je passe cette porte, je vais entrer dans un autre monde et mourir. »

J'ai alors été saisi de panique ! La seule solution était de me réveiller et j'ai fait d'énormes efforts pour sortir du rêve, jusqu'au moment où il m'a semblé monter des profondeurs vers mon corps qui se trouvait comme en surface. Tout d'un coup, j'ai réintégré mon enveloppe et me suis réveillé. Ce fut ma première expérience, pour moi tout à fait terrifiante. Par la suite, j'ai commencé à me familiariser avec le rêve lucide.

Comment être sûr que l'on rêve ? Après tout, je pourrais tout aussi bien décider maintenant, tandis que nous nous entretenons, que je suis en train de rêver...

Au début, je procédais à une vérification. De mes deux mains, je prenais appui dans l'air, comme sur une table invisible et me lançais vers le haut. Si je flottais, je savais être en train de rêver. Ensuite, je faisais un looping et commençais à travailler sur le songe. Je vais vous lire un rêve lucide noté dans mon cahier jaune en 1970 et qui revêtit pour moi une importance particulière : j'y mis en effet pour la première fois en pratique la technique précédemment décrite :

« Je suis seul dans une maison inconnue. Tout m'a l'air absolument réel mais, sans savoir pourquoi, puisque rien ne me l'indique, je me dis : " Peut-être suis-je en train de rêver... Si je rêve, il m'est possible de voler ; voyons voir... " Je fais un effort, prends appui sur l'air avec les mains et me lance vers le haut. Je flotte dans la pièce. "C'est un rêve ", me dis-je. Je décide de profiter de cette expérience pour bien voler, non pas me *regarder* voler mais me *sentir* voler. Je fais un tour complet sur moi-même, je monte et descends. Je suis satisfait. Je décide de planer dans toute la maison. J'avance le long d'un couloir, arrive dans un salon obscur. J'aperçois dans un coin un couple d'enfants âgés d'à peu près cinq ans. J'avance vers eux pour mieux les voir : ce ne sont pas des enfants mais deux vieux gnomes maigres, ridés. Ils rient et se cachent. Ce sont les esprits de la maison. Ils ont un air inquiétant. Ils ne se montrent pas et me rejettent. Ils disparaissent parmi les ombres, se moquant toujours de moi. Je n'ose pas les chercher. Le rêve m'absorbe, je perds ma lucidité... Je voyage dans un autobus qui n'a ni chauffeur ni passagers. J'aperçois par la vitre un bois pétrifié. " C'est probablement un rêve, me dis-je, je vais vérifier. " Je vole, sors du véhicule en traversant la vitre et plane dans le bois. Je cesse à nouveau d'être lucide. J'apparais dans un sous-sol devant une fenêtre opaque. Immédiatement, je me dis : " Pour sûr, c'est un rêve ". Je tente de sortir par la fenêtre en volant mais n'y parviens pas. J'ai la sensation que les murs ont plusieurs mètres d'épaisseur. Je dois les traverser. Cela me paraît impossible. Je m'astreins à le tenter. Je traverse le mur sans difficulté et sors dans l'espace : un ciel bleu où je flotte parmi les nuages. Me laissant porter par un vent doux, je me dis : " Je profiterais bien de ce rêve pour voir mon Dieu intérieur… " Soudain, je me sens envahi d'une profonde lassitude, laquelle, en fait, prélude à une grande peur. Je me donne des excuses : " C'est un travail très dur, je ne suis pas encore prêt pour la rencontre, je vais la remettre à une autre fois. " Je me réveille, d'une part, heureux d'avoir découvert une technique me permettant de savoir si je rêve mais, d'autre part, irrité de ma faiblesse et de mon manque de courage. Dans mon cahier de rêves, j'écris le commentaire suivant : " Je crois que le moment est venu de me décider à aller plus loin dans le rêve lucide. Prendre des risques. J'ai encore peur de mourir, je n'ose pas… J'aurais dû me plonger dans l'inconscient jusqu'à trouver le Dieu intérieur, avoir confiance en lui… J'aurais dû prendre en chasse les gnomes, leur faire face, leur parler sans que leurs moqueries me perturbent, entrer en relation avec eux, connaître leurs secrets. J'aurais dû créer des mondes, traverser la mort, aller au centre de mon être, vaincre monstres et terreurs… J'espère me montrer plus audacieux la pro-chaine fois et dominer la peur. Je dois aussi trouver des alliés et les accepter, ne pas toujours faire le travail seul… »

Votre pratique du rêve est, je suppose, passée par différentes étapes...

J'ai commencé par être le maître du jeu : je me disais : « Je veux voir passer des éléphants en Afrique. » Quelques secondes plus tard, je me trouvais en Afrique et regardais passer un troupeau d'éléphants. Je pouvais changer de décor, décider d'aller au pôle Nord voir des milliers de pingouins... Cela me procurait un tel plaisir que je finissais par me réveiller. Par la suite, je me suis livré à toutes sortes d'expériences sur moi-même. Désirant savoir ce que c'était que de mourir, je me suis jeté du haut d'un édifice et me suis écrasé à terre. Immédiatement, je me suis retrouvé vivant dans un autre corps parmi la foule qui regardait le cadavre du suicidé. J'ai ainsi découvert que le cerveau ignore la mort. Une autre fois, j'ai décidé de me faire posséder par un Dieu mythique.

Avez-vous eu un orgasme féminin ?

Écoutez, Gilles, l'expérience de cette pénétration fut plus complète que celle d'un rapport sexuel ordinaire. Ne perdez pas de vue que je travaillais avec des images oniriques qui dépassent les limites de la réalité. Afin que vous compreniez mieux ma démarche, je vais vous lire le rêve tel que je l'ai scrupuleusement noté dans mon cahier, à la date du 9 avril 1978 :

« Je suis dans un dortoir, couché sur le sol entre deux lits jumeaux. J'ai le dos appuyé contre le mur. Devant mes pieds apparaît un " inbunche " »...

Un quoi ?

Laissez-moi vous expliquer : le soir précédant ce

rêve, je me trouvais dans un café avec un exilé chilien que j'interrogeais au sujet du folklore Mapuché. Il me raconta que, d'après la légende, les sorciers de Chiloé enlevaient les jeunes enfants et les mutilaient pour que, devenus monstrueux, ils leurs servent d'assistants sous le nom d'« inbunches ». Ce terme explicité, je poursuis ma lecture :

« Un nain aveugle, nu, avec une peau de poulet plumé, la bouche en bec d'oiseau, des moignons en guise de bras, un torse tordu et des jambes arquées : une sorte de grand fœtus aussi inquiétant qu'horrible. Je me dis : " C'est un Dieu avec lequel je dois entrer en communication. Sa laideur doit engendrer quelque chose dans mon esprit. " Je sais alors que je suis en train de rêver et que j'ai le pouvoir d'orienter mon rêve. Je décide de travailler sur le monstre afin de le transformer en divinité positive. J'y parviens. L'inbunche acquiert une belle stature, des traits clairs, et devient un être divin, indescriptible, semblable à une sculpture vivante. Je sors d'entre les lits et m'allonge sur le dos au centre de la pièce. Je sais que je dois être inséminé par le Dieu. Je cherche ma féminité et lève donc les jambes. Un tube transparent, long d'une quarantaine de centimètres, sort d'entre les jambes du Dieu. Je décide de me rendre sans résistance pour qu'il introduise le tube entre mon sexe et mon anus, cet endroit du périnée que le Tantra nomme Chakra Muladhara. Je n'ai pas de vagin et ne cherche pas à subir une pénétration anale. Le Dieu s'agenouille entre mes jambes ouvertes et commence à s'introduire. Son organe monte le long de ma colonne vertébrale jusqu'à ce que je le sente entrer en mon cerveau. Ma conscience éclate. »

Impressionnant...

Si vous qualifiez d'« orgasme féminin » cette explosion cataclysmique, alors oui, Gilles, je l'ai vécu et ce fut une sensation merveilleuse. Je me suis senti très ému de me faire posséder par un Dieu créé à partir de ma propre monstruosité.

Par la suite, je me suis attaché à réaliser des désirs inassouvis dans l'état de veille, en particulier, bien sûr, des désirs sexuels. Je me suis livré en rêve à de fantastiques orgies avec des femmes moitié humaines moitié panthères. Permettez-moi cette fois encore de vous lire les notes prises après l'un de ces rêves. Je voudrais en effet insister sur un point : avant de parvenir au rêve lucide où je contrôlais les images, il me fallait triompher d'une série de difficultés qui se présentaient comme autant d'épreuves initiatiques au terme desquelles j'allais mériter le droit d'être le maître de mes rêves. Le passage suivant extrait de mon carnet illustre bien cet aspect de la démarche :

« Je me trouve dans un monde industriel, sans nature, composé uniquement d'immeubles. C'est la frontière. Je n'ai pas de papiers d'identité. Trois soldats m'empêchent de passer. Je saute par-dessus la barrière et commence à courir, poursuivi par les militaires. Après avoir ouvert les portes d'un garage, j'arrive devant un puits profond de milliers de kilomètres. Au bord de cet abîme, je deviens conscient que je rêve. Les poursuivants n'existent plus. Je décide de me jeter au fond, sachant qu'il ne peut rien m'arriver. Je saute et commence à tomber à grande vitesse. Je ne ressens aucune frayeur. Je me mets à penser à arrêter ma chute. La chute cesse. Sur le mur apparaît une porte. J'entre et me trouve devant l'entrée d'une cathédrale. Je ressens

que j'ai le pouvoir magique de faire jaillir ce que je
désire devant mes yeux. J'ai alors la tentation de
réaliser une expérience érotique. Je crée trois femmes-
bêtes, mi-panthères mi-femelles humaines, comme
accroupies ou à quatre pattes. J'en embrasse une sur la
bouche et ses longues lèvres semblent les nymphes
d'une vulve. J'essaie d'introduire mon index dans leurs
sexes, sous les queues. J'en possède une tandis que les
autres me griffent agréablement et je tente de parvenir à
l'orgasme. Je cesse d'être lucide et le rêve m'absorbe
pour finalement se muer en cauchemar. Je me réveille,
le cœur battant... »

Où réside la dimension initiatique de ces expériences ?
Dans le fait que dès que je commençais à faire
l'amour avec toutes ces femmes animales, le désir me
happait, si bien que je perdais la lucidité et que le rêve
échappait à mon contrôle. J'avais oublié que je rêvais.
Idem pour la richesse. Dès que la fascination de l'argent
me happait, mon rêve cessait d'être lucide. Chaque fois
que je tentais d'assouvir mes passions humaines, le
scénario m'absorbait et je perdais toute lucidité. Ce fut
une grande leçon : j'ai compris que dans la vie comme
dans le rêve, pour rester lucide, il fallait être détaché,
agir sans être identifié à l'action. Voilà un vieux
principe spirituel dont le rêve lucide m'a rappelé
l'importance. Le désir et la peur sont, comme l'affirment toutes les traditions, les deux faces de notre
identification.
Justement, le rêve m'a aussi montré comment me
comporter face à mes frayeurs. Fut une période où je
faisais souvent le même cauchemar : je me trouvais dans
un désert quand surgissait de l'horizon comme un

immense nuage de négativité, une entité psychique
décidée à me détruire. Je me réveillais avec un hurlement, tout en sueur... Un jour, j'en ai eu marre et ai
décidé de m'offrir en sacrifice à cette entité. Au plus
fort du rêve, dans un état de terreur lucide, je me suis
dit : « Ok, j'arrête de vouloir me réveiller. Tu n'as qu'à
venir me détruire. » L'entité s'est approchée puis, d'un
seul coup, a disparu. Je me suis réveillé quelques
secondes pour me rendormir d'un sommeil très paisible
et réparateur. J'ai alors compris que nous alimentons
nous-même nos propres terreurs. Ce qui nous fait peur
perd tout pouvoir sur nous dès lors que nous lâchons
prise. C'est l'un des enseignements classiques du rêve
lucide. J'ai ainsi pu à plusieurs reprises éroder ma peur
du trépas en traversant ma propre mort.

*Pourriez-vous me donner d'autres exemples de ce
processus ?*
Bueno, il me suffit de consulter mon cahier...
Écoutez :
« J'ai une énorme envie d'uriner. Je sens l'accumula-
tion de liquide dans ma vessie. Dans une baignoire
blanche, je pisse un gros jet de sang. Je sais que c'est
grave mais ne m'inquiète pas. Je me dis : " Le liquide
est rouge parce que je fais trop d'efforts. Je ne peux pas
cesser d'uriner ; par contre, je peux me relâcher et, par
ma volonté, transformer le rouge en jaune. " À aucun
moment je ne m'autorise à me laisser gagner par
l'angoisse. Peu à peu, je transforme la couleur. Puis le
cauchemar me domine à nouveau et, de nouveau,
j'urine du sang. Je reprends le contrôle du rêve, sans
jamais perdre mon calme, et le jet devient définitivement ambré. »

Autre rêve :

« Je suis dans un café, sur une place publique, assis dans un coin parmi les autres clients. Soudain, au milieu de la terrasse, un garçon barbu, fou et agressif, sort un pistolet. Avec un éclat de rire inquiétant, il l'appuie sur la tempe d'un camarade. Indigné, je me lève et lui dis qu'il devrait faire preuve de plus de délicatesse. Je lui rappelle que mon ami a auparavant tenté de se suicider en se tirant une balle dans la tête et risque donc d'être traumatisé par cette blague détestable. Le fou me regarde et me met en joue en murmurant d'un ton sadique : " Alors, et maintenant ? " Il s'attend à ce que je tremble, mais je n'ai pas peur. Le fou tourne autour de moi sans que je m'en émeuve. Je sais qu'il ne tirera pas et le lui dis : " Tu ne le feras pas.

— Et pourquoi, me demande-t-il ?

— Parce que je suis trop petit pour ta folie des grandeurs. " Je sais en effet que ce fou, obnubilé par son propre esprit, ne pourra vraiment s'intéresser au mien au point de chercher à m'anéantir. Je me réveille heureux : ce qui aurait pu être un cauchemar ne m'a pas effrayé. »

Autre rêve dans lequel j'apprivoise mon monstre :

« Je marche sur un terrain vague et parviens à un trou circulaire semblable à une immense bouche d'égout. Surgit un monstre géant, horrible, d'environ vingt mètres de hauteur. Je dépasse immédiatement mon dégoût car je sais que cette hideuse créature est une partie de moi, une obscure énergie de mon esprit. Je décide de ne pas le détruire mais de le transformer. Il se couvre alors de plumes blanches, devient lumineux, déploie six ailes et s'élève. Devenu une très belle entité angélique, il me propose de m'emmener avec lui dans le cosmos. Je surmonte de suite cette tentation. L'ange est une énergie lumineuse de mon esprit, qu'il me faut absorber. Je fais en sorte qu'il me couvre puis l'aspire par tous les pores de ma peau. À présent, c'est moi qui, devenu un être d'énergie et de lumière, m'élève tranquillement. Je me réveille plein de joie. »

Maintenant, écoutez ce rêve très poétique où je me suis vu entrant yeux grands ouverts au royaume des morts :

« Je suis dans l'antichambre de la mort. Assis devant moi sur un banc se trouve le chanteur Carlos Gardel, décédé il y a quarante ans. Je le salue et lui dis : " Allez, courage, décide-toi à mourir... " Nous passons dans une autre pièce où se trouve une porte donnant directement sur la mort. Un portier lugubre palpe tous ceux qui se présentent et décide s'ils vont ou non franchir l'ultime porte. Avant nous arrivent deux adolescents. Après les avoir fouillés, le portier les refoule et ils s'en vont, désolés d'avoir à vivre encore. Gardel est déclaré mort, c'est à présent mon tour. Le portier me palpe et me déclare décédé. Carlos Gardel hésite, il a peur, et je lui dis : " Quelle importance ? Tant mieux ! Maintenant nous allons vraiment savoir ce qu'il y a derrière cette porte ! " Fermement décidé, je le pousse afin qu'il pénètre avec moi dans cette dimension. En passant la porte, le chanteur disparaît dans une explosion de lumière. À peine ai-je traversé la frontière de la mort que je me retrouve en un paysage de vertes collines. J'y suis en compagnie de personnes fort agréables. Je lance en l'air des enveloppes de papier vides qui retombent pleines de sucreries et d'objets précieux. Je peux provoquer des miracles car je domine cette dimension et sais que les enveloppes lancées en l'air retomberont toujours pleines. J'offre des cadeaux

aux personnes qui m'accompagnent et me réveille en me sentant très content. »

Enfin, un dernier rêve parmi beaucoup d'autres où je me trouve une fois encore confronté au monstre :

« Je dois traverser un souterrain sombre au sol en terre battue. Un inconnu m'attend pour me faire passer. Je devine dans la pénombre la présence d'un animal. Je sais qu'il s'agit d'une panthère noire et que l'inconnu en est le dompteur. Il me fait signe de traverser directement, sans crainte. Je suis ses indications, mais la panthère me saute dessus, me jette à terre et, avec les griffes de ses pattes avant, immobilise ma tête. Elle me mordille le crâne sans me blesser, à la manière d'un chat jouant avec sa souris. Je vois le visage décomposé du dompteur qui me voyant à la merci de son fauve, se sent impuissant. Cependant, à aucun moment je ne m'effraie. Sans bouger, je la laisse, de sa gueule, me caresser les cheveux. Je sais que je dois m'abandonner, faire un avec elle, accepter la situation avec amour, me dissoudre dans la panthère. Je me mets à vibrer d'amour et deviens un avec elle. À cet instant, la panthère disparaît. Je me relève, traverse le souterrain et vais mon chemin. Je me réveille plein de joie... »

Si je comprends bien, vous avez appliqué les enseignements dispensés en rêves dans le cours de votre vie diurne et les avez par la suite intégrés à la pratique de la psychomagie...

Tout à fait. Je me suis efforcé d'être au jour le jour fidèle à ce qu'il m'avait été donné de comprendre en rêve. Car à quoi bon recevoir des enseignements si on ne les applique pas au cœur des difficultés quotidiennes ? Un enseignement ne devient opérant, n'acquiert toute sa force transformatrice, qu'à partir du moment où on l'applique.

Pourriez-vous me donner un exemple d'application dans le quotidien d'un principe perçu en rêve ?

Bueno, ainsi que je vous l'ai dit, le rêve lucide m'avait enseigné à braver le monstre. Il est permis de fuir tant que l'on ne se sent pas de taille à lui faire face ; mais vient un moment où l'on doit le regarder dans les yeux. Or, il est fréquent que le monstre ainsi bravé se mue en un allié. Notre peur alimente l'inimitié de l'adversaire, tandis que notre volonté de lui faire face avec amour le désarme, voire le retourne complètement. Lorsque je tournai *La Montagne sacrée* au Mexique, il y eut des rumeurs scandaleuses : comme je tournais devant une cathédrale, on disait que j'y avais fait célébrer des messes noires. On murmurait aussi que je ridiculisais l'armée et la police mexicaine... Un jour, deux policiers m'interpellent et me disent : « Le ministre Un tel veut vous voir. » Ils m'emmènent donc dans le bureau de ce ministre qui me tient à peu près ce langage : « Écoutez, Jodorowsky, le président vous connaît très bien, il admire ce que vous faîtes ; vous avez en lui un ami. Mais attention : de même qu'un gouvernement peut être un très grand ami, il peut, si on lui déplaît, devenir un ennemi redoutable... Ne faites figurer aucun uniforme dans le film, supprimez tous les symboles religieux et vous vivrez en paix. » Au Mexique, de tels propos de la part d'un ministre étaient l'équivalent d'une menace de mort. En rentrant chez moi, ce soir-là, j'entendis des voix crier dans le jardin : « Attention, Jodorowsky, nous allons te faire la peau... » Il y avait

au Mexique un groupe paramilitaire composé de jeunes
gens appelés les « faucons » qui se chargeaient des sales
besognes. Comprenant que tout cela risquait de très
mal tourner, j'emmenai dès le lendemain toute ma
famille aux États-Unis et décidai d'y terminer le
tournage. Cependant, je ne voulais pas que ce ministre
demeure pour moi un ennemi, ni qu'une menace de
mort traîne quelque part dans mon inconscient. Une
fois le film terminé, j'ai rassemblé toutes les bonnes
critiques de *La Montagne sacrée* parues en Europe et
aux États-Unis, me suis rendu au Mexique et ai
demandé une audience au ministre qui m'en voulait de
m'être enfui avec toute mon équipe. Je lui ai alors dit,
en lui tendant les coupures de presse : « Regardez ce
que mon film fait pour le Mexique ; on en parle dans le
monde entier... » Constatant que j'avais osé me remettre dans la gueule du loup, il a souri et m'a donné une
claque dans le dos : « C'est bien, Jodorowsky, tu es
courageux, je te félicite. » Non seulement il ne m'a plus
fait d'ennuis, mais j'ai même eu droit à des cadeaux !
Voilà une anecdote véridique qui montre à quel point il
est parfois salutaire d'oser braver le monstre. Le
principe essentiel, c'est, autant que possible, de ne
jamais laisser un compte non réglé avec un ennemi. Car,
plus les choses restent à l'état latent, plus la haine se
nourrit d'elle-même, au risque de proliférer. Une
bombe avec une longue mèche peut mettre des années
avant d'exploser, mais le jour où la déflagration se
produit, les dégâts sont considérables. Il convient donc
de désamorcer la bombe, de ne pas laisser des menaces
de mort traîner autour de soi et dans son inconscient.

Non qu'il faille tuer l'adversaire en question : il s'agit plutôt de le retourner, de s'en faire un allié.

Un autre principe du rêve lucide consiste à changer consciemment le contenu du rêve. Comment l'avez-vous appliqué dans le cours de votre existence diurne ?

Eh bien, par exemple, je vous ai dit à quel point j'aimais dans mes rêves changer de décor, passer de l'Afrique aux États-Unis, par exemple, transformer l'environnement... De même, j'ai compris que je ne devais en aucun cas être prisonnier d'un décor, d'un cadre, dans ma vie de tous les jours. La réalité quotidienne n'est pas rigide, ou ne l'est que dans notre tête, dans la conception que nous en avons. Si nous nous sentons à l'étroit, las de toujours évoluer au sein du même environnement, libre à nous de le changer ! Qui dit que c'est impossible ? Le rêve lucide m'a appris à me mouvoir à l'intérieur d'une réalité souple, où toutes les mutations, toutes les transformations peuvent survenir à tout moment. Cela ne dépend que de mon intention : dans le rêve lucide, la seule intention de me trouver en Afrique parmi les troupeaux d'éléphants m'y transportait ; dans cette autre mode de rêve qu'est la « réalité », c'est aussi mon cerveau, la représentation que je me fais du monde qui mène le jeu. La « réalité » n'existe pas en elle-même ; instant après instant, je crée ma réalité, heureuse ou cauchemardesque, monotone ou passionnante.

Exemple ?

L'autre jour, en arrivant chez moi, vous avez dû

remarquer que j'avais tout changé. J'étais fatigué de ce vieux décor.

Aussi ai-je acheté de nouveaux meubles et mis dans la rue tout ce qui se trouvait auparavant dans la maison et dont je ne voulais plus. Cette évacuation est devenue une sorte de fête, les gens ont commencé à se servir... Quelques jours plus tard, des voisins m'ont apostrophé : « Ah, nous vous connaissons ! — Tiens, ai-je répondu, comment me connaissez-vous ? Par mes bandes dessinées, par mes films ? — Par vos ordures ! ont-ils répliqué... Nous avons récupéré devant chez vous des choses incroyables ! » Bref, j'ai non seulement changé de décor mais aussi quelque peu transformé l'atmosphère de mon quartier.

OK, Alexandro, mais il est tout de même plus facile, si l'on dispose d'un peu d'argent, de changer de meubles que de se transporter parmi les éléphants d'Afrique...

Non, le principe fondamental est le même, cela se passe dans la tête, dans notre conception de la réalité ! On peut subir la réalité comme un cauchemar, et Dieu sait que, dans l'ordre du pire, tout peut y arriver. Mais c'est dans cette même réalité que l'on peut devenir lucide et accomplir des actes susceptibles de transformer le terrain négatif en contexte positif.

Certains diraient que cela se passe dans le porte-feuille : si vous avez beaucoup d'argent, vous pouvez effectivement prendre un jet et aller en quelques heures en Afrique ou à New York...

Oui, mais on attire sa vie ! Votre vie correspond à la conception que vous vous en faites... Bueno, par exemple, je n'ai jamais été milliardaire ni même très riche, mais j'ai toujours appliqué dans ma vie diurne le principe du rêve lucide : pourquoi ne pas se transporter ailleurs ? J'ai donc attiré des circonstances favorables lorsque j'en éprouvais un réel besoin. L'autre jour, j'avais envie de m'offrir une petite escapade. On m'avait invité à un festival de cinéma à Chicago, je m'y suis donc rendu secrètement pour trois jours. Parti le vendredi, je suis revenu le dimanche... Personne ne l'a su, ha ha ha !

Je me souviens qu'un jour, un ami milliardaire m'a demandé : « Que fais-tu cette fin de semaine ? — Rien, ai-je dit. — Veux-tu aller à Acapulco ? » Et hop ! Son jet privé nous a emmenés à Acapulco pour le week-end.

À vous entendre, cela paraît très simple, mais tout le monde ne fréquente pas de milliardaires...

Écoutez, vous êtes en train de me tirer les vers du nez, mais vous savez aussi bien que moi, par votre propre expérience, que chacun crée sa réalité...

J'avais besoin de partir en week-end à l'autre bout du monde, j'étais intimement convaincu de la souplesse de la réalité et celle-ci m'a envoyé un milliardaire avec un jet privé, voilà tout ! Vous, ce que vous aimiez dans la vie, c'était rencontrer des sages et écouter du rock'n roll. Vous aviez vraiment envie de concilier ces deux aspects de votre existence en apparence assez éloignés. Eh bien, comme vous ne vous faisiez pas une idée rigide de la réalité, vous avez attiré les circonstances adéquates et vous vous êtes finalement retrouvé en Arizona à suivre en tournée un vrai sage qui, non content d'avoir créé un ashram, est aussi à la tête d'un groupe de rock'n roll. Sans doute n'y en a-t-il qu'un seul sur la planète, il était jusque-là très peu connu aux États-Unis et totalement inconnu en Europe, mais la magie de la vie vous l'a tout de même envoyé ! *

Ou bien, quand vous étiez adolescent, vous alliez voir mes films et collectionniez les articles sur moi ; eh bien, voilà, nous sommes aujourd'hui amis et nous nous amusons à faire des livres ensemble. Dans votre innocence et votre détermination, vous avez attiré ces circonstances statistiquement peu probables...

D'accord...
Écoutez, laissez-moi vous raconter une autre histoire : en 1957, bien avant que je ne théorise tout cela, j'ai demandé à ma femme : « Où aimerais-tu aller passer tes vacances ?

— J'aimerais beaucoup aller en Grèce, m'a-t-elle répondu.

— Très bien, ai-je répliqué, « nous irons en Grèce !

— Mais comment ? Nous n'avons pas un sou...

— Nous irons en Grèce ! »

À ce moment-là, quelqu'un a frappé à la porte de la chambre de bonne où nous demeurions. C'était un ami membre d'un groupe de musique sud-américaine très connu à l'époque, « Les Guaranis de Francisco Marin ». Il me dit :

« Écoute, nous devons partir en tournée en Grèce dans trois jours pour y donner des spectacles folklori-

---

* Voir Gilles Farcet, *L'Homme se lève à l'Ouest, Les Nouveaux Sages de l'Occident*, Albin Michel.

ques et l'un de nos danseurs vient de tomber malade.
Voudrais-tu le remplacer ?

— Mais je ne connais pas ces danses...

— Aucune importance, ma femme va te les enseigner ! »

J'ai donc sur-le-champ appris deux danses, *Bailecito
y Carnavalito*, puis nous sommes bel et bien partis
pour la Grèce...

Après cela, comment ne pas considérer la réalité
comme un rêve qu'il nous appartient de créer au fur et à
mesure ?

*Je suis d'accord sur le principe ; mais vos anecdotes et
la manière dont vous les exprimez me paraissent
susceptibles de prêter à confusion. Après tout, la terre est
peuplée de gens qui ne demandent qu'à réaliser leurs
rêves sans se donner trop de mal... Or, l'expérience
montre que désirer n'est pas tout ; encore faut-il mériter...*

Ce que vous venez de dire me paraît très important.
Bien sûr, ces choses que je raconte me sont arrivées, et
je puis dire que ma vie est à la mesure de mes rêves les
plus fous. Je crois vraiment à la magie de la réalité. Mais
pour que cette magie soit opérante, il convient de
cultiver en soi un certain nombre de qualités parfois
contradictoires, du moins en apparence : l'innocence, la
maîtrise, la foi, le courage... Mettre cette magie en
mouvement demande beaucoup d'audace, de pureté,
aussi, et un profond travail sur soi. J'insiste donc sur le
fait que j'ai consacré mon existence à me parfaire, à me
connaître, à me rendre intérieurement disponible. Il
importe de ne jamais perdre de vue toute la discipline

sans laquelle cette approche de l'existence ne serait qu'une illusion. La vie n'est pas là pour satisfaire les désirs du premier paresseux venu ! Elle ne nous comble que dans la mesure où l'on s'abandonne à elle et où l'on s'efforce de dépasser son égocentrisme.

Peut-on alors voir en ce travail d'ascèse une application des enseignements reçus par le biais du rêve lucide ? Car, enfin, l'ascèse requiert des efforts, contrairement au rêve lucide où il suffit d'émettre une intention pour qu'elle se réalise...

Détrompez-vous ! Demeurer conscient au sein du rêve demande un effort considérable. Par ailleurs, les émotions éprouvées au cours du rêve sont bien réelles. Si vous êtes terrorisé, vous l'êtes vraiment, vous éprouvez de la terreur, et il est difficile d'y faire face. Finalement, le grand enseignement du rêve lucide ne réside pas tant dans la découverte de la magie quotidienne que dans cette exigence de lucidité. Car, ne l'oublions pas, hors la lucidité, rien n'est possible. Ainsi que je l'ai dit, dès l'instant où on se laisse happer par l'expérience que l'on traverse, le rêve nous absorbe et c'en est fini de la lucidité qui était seule garante de sa dimension initiatique. La magie que nous avons évoquée n'opère que dans le détachement ; c'est la lucidité née de la position de témoin qui autorise le jeu, tandis que l'identification, au contraire, rétrécit l'existence, réduit le champ des possibles. Dans le rêve comme dans la vie diurne, les mêmes lois sont à l'œuvre : plus on est détaché, plus l'on jouit de l'existence perçue comme une vaste cour de récréation. Moins on est détaché, plus la vie devient une impasse. Le rêve m'a donc enseigné, paradoxalement, à *veiller*, à maintenir dans le fil de l'existence un courant de lucidité, fût-ce au prix de grands efforts. Car Dieu sait si la vie peut être parfois fascinante, surtout lorsque l'on s'est quelque peu ouvert à sa magie ! La tentation de se laisser absorber, le danger d'identification augmente au fur et à mesure que l'on s'ouvre. D'un autre côté, la lucidité se renforce également avec la pratique...

Autre enseignement du rêve lucide auquel nous avons déjà fait allusion, autre facette de la magie : la souplesse du réel. Non seulement vous ne tenez pas la vie pour un processus rigide, mais vous vous exercez vous-même à la flexibilité...

Oui, je fais très attention à ne pas trop m'auto-définir, à ne pas m'enfermer dans une vision étroite de moi-même. Dans le rêve, je peux me percevoir en tant qu'homme de soixante ans, mais aussi en tant que jeune garçon, en tant que vieillard, voire en tant que femme, pourquoi pas ? Diverses facettes de mon être se manifestent. Dans la réalité, j'essaie de laisser ces facettes s'exprimer et aussi de répondre à la demande de la situation sans m'accrocher à une idée préconçue de ce que je suis ou devrais être. Quand je voyage, les gens se demandent souvent quelle est ma nationalité. Si quelqu'un m'adresse la parole dans un avion et me dit : « Vous êtes italien ? » Je réponds : « Oui. » Que l'on me prenne pour un Grec, un Français, un Russe, un Israélien, que sais-je, je réponds toujours par l'affirmative. Ravie d'avoir deviné, la personne me traite alors en Italien, en Russe, en Grec ou en Chilien et cela ne change rien... Notre aventure de l'autre jour à la

Marjolaine* constitue un bon exemple de cette attitude. Lorsque nous sommes arrivés, le public ne m'attendait pas mais était venu pour le docteur Westphaler...

Le docteur Woestlandt, Alexandro...
Si, le docteur Wiesen-Wiesen...

Bref...
Je vous ai dit de me présenter comme étant le docteur Westphallus, mais vous n'avez pas osé... J'aurais pourtant pu donner deux heures de conférence sous l'identité provisoire du docteur Wouf-Wouf. J'aurais parlé de la santé et transmis mon message. Peu m'importe qui le transmet ! Peu m'importe qui je suis ! Je me comporte toujours en fonction de ce que l'on désire voir en moi. Si on attend le metteur en scène, je joue les metteurs en scène ; si on attend le scénariste de bandes dessinées, je joue les scénaristes... J'accepte n'importe quelle étiquette, tout en sachant en mon for intérieur que je ne me réduis pas à ce que l'on perçoit de moi, à celui qu'on me croit être.

Avez-vous exploré d'autres aspects du rêve lucide ?
Par la suite, j'ai voulu explorer des dimensions encore plus métaphysiques : je me suis mis à chercher mon maître intérieur. Permettez-moi, là encore, de vous donner lecture d'un rêve à cet égard décisif :
« Je suis en compagnie de deux Mexicains typés et rondelets que je ressens comme des amis bien que je ne

---

* Voir introduction.

les connaisse pas. Nous traversons une cour au sol et aux murs en pierre, qui pourrait très bien être celle d'une école, d'un temple ou d'un palais gouvernemental. Tout est très spacieux. Nous marchons en rasant un mur. Soudain éclate un énorme ronronnement tellurique. Le bruit effraie beaucoup les Mexicains. L'un d'eux s'écrie : " C'est un tremblement de terre qui se prépare ! " Ils observent les pierres, dans l'attente angoissée des premières secousses. Commençant alors à réaliser que je suis en train de rêver, je leur dis : " N'ayez pas peur, il ne peut rien vous arriver, c'est un rêve. " Tout paraît cependant si réel que je me mets à douter. Mais, faisant cesser le bruit assourdissant à force de volonté, j'acquiers la certitude que je suis bien en train de rêver. Je me propose sur-le-champ de tirer parti de cette lucidité. " Cette fois, me dis-je, je vais demander à contempler la Divinité. " Bien que je sois saisi d'une profonde terreur, je me décide à le faire. " Aidez-moi à faire face à Dieu ", dis-je à mes amis. Ils se placent chacun sous une de mes aisselles, semblables à des béquilles humaines, pour m'aider à avancer vers un escalier de pierre noire, qui comporte vingt-deux marches et s'élève au milieu de la cour à la manière d'un piédestal. " Je me sens maintenant capable d'affronter seul la divinité ", dis-je à mes amis. Les sachant tous deux issus du rêve, je les fais disparaître d'une poussée et commence à gravir les marches. Me voici de nouveau en proie à la terreur. Peut-être vais-je voir une image horrible se présenter à moi... Je glisse sur les marches qui se sont couvertes d'eau et fais d'énormes efforts pour éviter de glisser. C'est alors que je vois apparaître une photographie animée sur laquelle un acteur gigantesque grimace à la manière d'un clown. Je n'en reviens pas : " Une photo, un acteur, la Divinité... ce n'est pas possible ! " L'acteur disparaît et j'apparais à sa place. J'ai soixante ans et suis vêtu d'un costume en cachemire. J'ai l'allure d'un vieux professeur d'université, avec des lunettes sur le bout du nez. Je sais que cette immense image de moi-même est un voile nécessaire, la projection d'idéaux d'antan, et qu'elle me permet de vivre sans angoisse ma première rencontre avec la Divinité. La photo s'anime et commence à me parler avec sympathie. Elle me communique un message, me dispense une leçon. J'en retiens très peu, pas plus de cinq ou six mots : " le trésor de l'humanité "... Je me réjouis beaucoup de cette première expérience qui me permet de faire un premier pas dans la recherche du Dieu intérieur, du guide, du maître au-dedans, du moi impersonnel, peu importe le nom qu'on lui attribue, et ce sans en être épouvanté. Je réunis mes forces, prends appui sur l'air, monte et me mets à flotter. Tel un bélier, je me lance contre l'écran et le traverse pour basculer dans le firmament, étendue infinie et constellée d'étoiles. Je désire à nouveau contempler mon Dieu intérieur. Devant moi apparaissent, immenses comme celles de Chéops, deux pyramides imbriquées, semblables à une étoile de David en relief. Je me dis que je ne dois pas me contenter de les regarder — l'une est noire, l'autre blanche — mais qu'il me faut fondre en elles. Je pénètre donc en leur centre et éclate comme un univers en feu. »

Voilà le rêve, tel que je l'ai noté. C'est à partir de cette expérience marquante que j'ai écrit le scénario de *L'Incal*.

La pratique du rêve lucide consiste donc à poser un acte à l'intérieur du contenu onirique. Peut-on aller plus loin que le rêve lucide ?

Oui, il est possible de passer à ce que je nomme le rêve thérapeutique, dans lequel la lucidité est utilisée afin de guérir une blessure, de consoler un manque ressenti dans l'état de veille. Je vais vous en donner quatre exemples extraits de mon cahier :

« Je me trouve en compagnie de Teresa, ma grand-mère paternelle — que je n'ai jamais eu l'occasion de rencontrer, suite à des querelles familiales. C'est une petite femme rondelette, avec un grand front. Dans le rêve, je me rends compte que nous ne nous connaissons pas réellement, que nous ne nous sommes jamais parlés ni ne nous sommes ne serait-ce qu'une seule fois promenés ensemble. Je lui dis : " Comment est-ce possible que vous, ma grand-mère, ne m'ayez jamais pris dans vos bras ? " Je réalise que je viens de commettre une indélicatesse et me reprends : " Ou plutôt, comment se peut-il, grand-mère, que moi, votre petit-fils, ne vous ai jamais embrassée ? " Je lui propose de le faire et elle accepte. Nous nous étreignons et nous embrassons. Je me réveille dans le clair souvenir du rêve, heureux d'avoir retrouvé cet archétype familiale. »

Deuxième exemple :

« Je suis dans ma chambre à coucher, telle qu'elle est en réalité, debout face à mon père. Je lui dis : " De toute ma vie, jamais tu ne m'as embrassé comme un père. Tu m'as fait te craindre, et rien d'autre. Mais maintenant que je suis un adulte, je vais te prendre dans mes bras. " Sur ce, sans crainte, je l'étreins, l'embrasse et le berce. En le berçant ainsi, je sens avec mes mains la surprenante vigueur de son dos. Avec plaisir, je m'exclame : " Tu as quatre-vingt-dix ans, et tu es encore vigoureux ! " Je continue de le bercer, avec audace et tendresse, et lui dis : " De même que tu n'as

jamais communiqué avec moi par le toucher, j'ai moi
aussi privé mon fils Axel de contact corporel. " Axel
apparaît, à l'âge qui est aujourd'hui le sien, vingt-six
ans. Je le prends dans mes bras et lui demande de me
bercer, comme je viens de le faire avec mon père. Je me
réveille. Pendant la journée, je bavarde avec Axel et lui
fais joyeusement part du rêve. Je lui demande de
m'étreindre et de me bercer. Un peu timide et gêné au
début, il n'y tient pas mais se force et, au fur et à
mesure de l'acte, s'émeut, si bien que nous finissons par
avoir un contact dont nous retirons une sensation de
bien-être et de paix. J'ai ainsi réalisé en rêve quelque
chose qui m'avait manqué dans ma relation à mon père,
puis donné à mon fils la possibilité de l'accomplir dans
la réalité. »

Troisième exemple :

« J'ai des problèmes d'argent et rêve que l'on va
m'engager en tant qu'acteur dans une compagnie
théâtrale. Je vais voir le producteur afin de discuter
avec lui de mon salaire. Je lui explique qu'il doit très
bien me payer car " me connaissant comme je me
connais ", je ne vais pas me contenter de jouer mais
faire aussi en sorte que le spectacle dans son ensemble
marche très bien. Je superviserai les lumières, la
musique, les costumes, le jeu de mes compagnons, etc.
Bref, je vais m'occuper de tout. Le producteur me
comprend et m'accorde un bon salaire, celui que je
mérite. Je me réveille rassuré, ma confiance en moi-
même retrouvée. Je sais que les difficultés matérielles
vont se résoudre. »

Enfin, quatrième exemple :

« Depuis trois jours, je souffre de vives douleurs au
ventre, probablement une infection intestinale. J'ai du
mal à dormir et ne veux pas prendre d'antibiotiques. Je

me couche et rêve : je gis dans mon lit, en proie aux
mêmes douleurs qu'en état de veille. Arrive la guérisseuse Pachita. Elle se couche sur moi de tout son poids
et commence à sucer le côté droit de mon cou en me
disant : " Je vais te guérir, petit frère. " Dans un
suprême effort, elle glisse sa main gauche entre nous
deux et l'appuie sur mon ventre. Ensuite, sans se
décoller de moi, elle s'élève dans les airs. Nous lévitons
un instant, horizontalement, puis redescendons sur le
lit. Elle s'évanouit lentement. Je me réveille guéri, sans
plus ressentir aucune douleur. Il me semble que j'ai
pour ainsi dire incorporé la guérisseuse et ai enfin accès
à un médecin intérieur, une sorte de Divinité. Je me
souviens qu'au Mexique, avant de mourir, Pachita fit
apparaître sur la paume de sa main un anneau en or et
qu'elle le glissa sur mon annulaire gauche. Elle m'avait
alors dit : " Je viendrai te rendre visite dans tes
rêves... " »
Comme vous pouvez vous en douter, les rêves de ce
type s'avèrent extrêmement bénéfiques. Ce sont vraiment des songes réparateurs, dans lesquels l'inconscient
canalise sa puissance pour panser efficacement une
plaie.

*S'il est possible d'utiliser la qualité de conscience
acquise dans la pratique du rêve lucide pour déboucher
sur le rêve thérapeutique, ne peut-on aller encore plus
loin, toucher dans le songe une dimension de sagesse ?*

Si, et cet autre stade, je l'appelle le rêve humble. Un
jour, j'ai cessé de poser des actes pour tout simplement
assister au rêve, en observateur. Je le laisse se dérouler,
suivre son propre cours, mais sans être happé par lui,
tout en demeurant lucide. Je suis spectateur de mon

rêve et m'abstiens de toute intervention. En fait, je crois être récemment passé à un degré encore plus subtil que je nomme le rêve sage. À présent, le protagoniste du rêve auquel j'assiste en spectateur est un sage. Il prononce des paroles dont je prends note au réveil. Elles n'ont d'ailleurs rien d'original et pourraient être extraites de n'importe quel texte sacré. Mais elles jaillissent du plus profond de l'inconscient tel que je l'observe avec lucidité dans le rêve.

Pourriez-vous raconter quelques-uns de ces « rêves sages » ?
Oui, mais non sans réticences...

Pourquoi ? Allez-vous maintenant vous mettre à jouer les pudiques ?
La question n'est pas là ! Je crains simplement que l'on ne me croie pas.
(Alexandro extirpe de sa bibliothèque un immense cahier qui ressemble à un livre d'or.)
Vous voyez, c'est dans cet autre cahier que je note mes rêves les plus positifs. Je puis l'ouvrir et vous lire un exemple de rêve sage ; mais nos lecteurs seront-ils prêts à admettre qu'un homme puisse faire de tels rêves ? Peut-être devrais-je m'engager sur l'honneur...

Pourquoi pas ? Ce serait presque surréaliste : « Je déclare sur l'honneur avoir sagement rêvé... »
D'accord, je certifie donc sur l'honneur avoir effectivement fait les rêves suivants ! Libre à chacun de me croire ou non...

Ces rêves sont-ils si extraordinaires ?

Non, en fait, ils sont très simples. Ce qu'ils ont d'inhabituel, c'est précisément cet élément qui fait d'eux des rêves sages. Tout est dans le climat intérieur du rêve...

Alors, exemple.
(Alexandro lit de son grand cahier, traduisant simultanément puisque tous ces rêves sont notés en espagnol.)

« Je me trouve en compagnie d'un maître d'art martiaux qui m'enseigne un cours. Il me dit : " Laisse-toi tomber dans mes bras sans du tout te contracter. " Me vient alors la pensée : " Voilà, je vais parvenir à une décontraction absolue ", et je me laisse tomber sans rien retenir. Le maître m'accueille puis me couche sur le plancher et essaie de me faire une prise. Je suis tellement abandonné qu'il n'y parvient pas. Il dit alors à son assistant : " Impossible de lutter avec lui. Il est comme mort, et contre un mort, on ne peut rien faire. " »

Voilà un exemple de rêve de sagesse dans lequel je suis arrivé à la décontraction absolue. Autre exemple :

« Je sors dans la rue vêtu d'un costume étroit qui me fait paraître extrêmement chétif. Je me dis alors : " Il est bon que les gens me voient faible, car je me sais et me sens très fort à l'intérieur. " »

Ou encore cet autre rêve :

« J'assiste au cours d'un professeur de philosophie qui déclare : " Le secret, c'est d'être dans la pensée " ; je lui réponds : " Si vous n'avez pas accepté de mourir, vous n'avez rien atteint. Seule l'acceptation du trépas, nous délivre de la pensée de la mort. " »

Permettez-moi de vous donner encore lecture de deux rêves sages :

« Des gitans m'ont emmené dans leur entrepôt où ils ont emmagasiné toutes sortes de meubles. Ils désirent me consulter et me montrent dans une boîte en carton une grande coupe semblable à celle de l'as du tarot de Marseille. Avec elle, ils pensent se consacrer à l'alchimie et découvrir le dissolvant universel, la matière capable de dissoudre toutes les autres matières. Je souris et leur demande : " Savez-vous ce qu'est le dissolvant universel ? " Voyant qu'ils n'ont pas la réponse, je leur dis : " C'est le sang du Christ. Une goutte de sang du Christ dans ton cœur dissout tous les autres sentiments. Seul demeure alors l'amour. " »

« Un enfant déprimé me dit : " Je suis insignifiant. Je ne vaux rien. Dieu ne me voit pas, il est occupé à des choses plus importantes. " Je lui réponds : " Représente-toi la surface d'une sphère composée d'une infinité de points. Imagine maintenant le centre de cette sphère : c'est un seul point qui est en même temps en communication avec tous les autres points. " »

Je m'attendais à des rêves plutôt fous, à une prolifération de symboles initiatiques, comme dans vos films ou vos bandes dessinées. Les rêves que vous me racontez sont d'une sobriété chez vous inhabituelle...

Bueno, mes bandes dessinées et mes films correspondent davantage au rêve lucide.

Comme vous le voyez, ces rêves-là sont souvent très courts. Leur caractère spécial réside dans leur impact et dans la sensation que j'y ai de moi-même : dans le rêve, je suis sage, détaché, heureux et cette sensation subsiste quelque temps au réveil.

*J'aimerais maintenant que vous donniez quelques
exemples de rêves « humbles »...*

Voilà un rêve typique dans lequel j'admire la valeur
d'autrui :

> « Je me trouve chez des amis. Il y a là une femme du
> peuple d'allure cependant très distinguée. Elle paraît
> avoir tout au plus cinquante-huit ans. Je la trouve très
> fine, extrêmement sympathique et humaine. Au bout
> d'un moment, elle me demande : " Sais-tu qui je
> suis ? " Je réponds par la négative. " Je suis Christine,
> dit-elle alors. C'est moi qui ai veillé sur toi lorsque tu
> étais enfant. " Je réalise alors me trouver en présence de
> ma première nourrice. Je dis alors à mes amis : " Vous
> rendez-vous compte ? C'est elle la première femme que
> j'aie jamais aimée ! " La savoir vivante et constater le
> degré d'évolution auquel elle est parvenue me procure
> une grande joie. Christine et moi nous embrassons puis
> elle s'en va. Mes amis me disent alors, d'un ton très
> admiratif : " Elle a quatre-vingts ans, et pourtant,
> comme elle paraît jeune ! " Je me réveille la joie au
> cœur. »

Autre exemple de rêve humble :

> « Je suis surpris en pleine rue par une émeute
> étudiante. Les jeunes brûlent des voitures et il y a des
> policiers partout. On tire des coups de mitraillettes, si
> bien que je me couche par terre sans éprouver aucune
> peur. Un policier m'arrête et m'emmène au poste. Là,
> on m'interroge, je reste calme. J'ai dans les poches des
> tas de tracts antimilitaristes ainsi que des coupures de
> presse de faits divers assez drôles tournant les policiers
> et les militaires en ridicule. Je leur explique que je suis
> professeur de tarot et ils me relâchent. Je marche dans
> la rue, mon costume est en loques, j'ai même perdu mes
> chaussures. En guise de souliers, je glisse la pointe d'un

de mes pieds dans un étui à lunettes. J'entre dans un café pour demander où se trouve ma rue. Parmi les clients, une femme assez rondelette, d'allure populaire et qui semble d'une grande bonté me regarde avec peine, comme si j'étais un clochard. Elle murmure : " Regarde dans quel état s'est mis ce pauvre homme, il faut faire quelque chose... " Elle me prend pour une épave. Je la trouve si bonne et suis si touché de sa charité que je décide de ne pas la détromper. Je me résous à accepter le rôle qu'elle me donne afin de ne pas la décevoir et de lui permettre de donner libre cours à de si beaux sentiments. J'ouvre ma valise en cuir noir pour y chercher un petit jeu de tarot que je pourrais lui offrir. Parmi les tarots, il y a des flacons de cachets. Ce sont des vitamines, mais la femme est persuadée que je transporte de la drogue et n'en éprouve que davantage de pitié. Sans rien connaître au tarot, elle tire une carte, celle du Bateleur. " Mauvais, dit-elle, vous ne devriez pas porter cette carte. Regardez : le jeune homme a une pilule entre les doigts... " Elle prend en effet pour de la drogue le cercle jaune que le bateleur tient entre ses doigts. Je la remercie de ses bonnes intentions, lui promets de ne plus me droguer et quitte le café. À aucun moment je n'ai eu la tentation de me mettre en valeur, au contraire : c'est avec joie que je me suis effacé. »

Distinguez-vous encore d'autres formes de rêves ?

Bien sûr ! Il est possible de parvenir au rêve généreux, dans lequel on partage avec le reste de l'humanité ce que l'on a appris. Par exemple :

« Je me trouve dans un immense espace, survolant une marche pour la paix regroupant des milliers de manifestants. Me rendant soudain compte que je suis en train de rêver, je me mets à tourner dans les airs afin d'attirer leur attention. Le public se montre admiratif en me voyant ainsi léviter. Je leur demande alors de tous se tenir par la main en formant une grande chaîne afin de voler avec moi. En les touchant, je les fais s'élever et tente de les faire voler par la force de ma pensée, mais il ne bougent pas. Je dois les toucher avec tendresse, ne pas les lâcher. Ils volent alors vers moi et nous nous livrons dans les airs à des exercices, accomplissons des figures, tous en chaîne, jusqu'à ce que je me réveille. »

Savoir non seulement donner mais aussi recevoir, accepter le service que l'autre peut nous rendre fait également partie de l'art de la générosité, ainsi que me l'a fait comprendre le rêve suivant :

« Je suis à Paris. Les journaux ont un problème avec le gouvernement car il ne leur fournit pas la matière première pour imprimer. *France-Soir* se voit obligé de paraître avec sa une écrite à la main et imprimée selon un procédé primitif, à base de sucre. À côté du kiosque à journaux, assise devant une table de bois se trouve Bernadette, la défunte mère de mon fils aîné Brontis. Je m'assois face à elle et la trouve belle, heureuse, comme elle le fut rarement de son vivant. Contrairement à ce qui se passait avant sa mort, elle est à mon égard totalement positive. Maintenant, elle m'inspire confiance, je sais pouvoir compter sur elle. Réalisant que je suis en train de rêver, je me dis : " Bernadette est morte, mais dans le rêve elle vit. Parler avec une morte ne me fait pas peur. J'ai confiance en elle. C'est un archétype qui peut m'être utile, car elle connaît bien les questions politiques dont je suis totalement ignorant et elle sera toujours disponible lorsque je voudrai la consulter à ce propos. " Bernadette commence à m'expliquer pourquoi la situation est tendue et en quoi le président a tort de faire confiance au ministre qu'il vient de nommer. Puis elle m'entretient du futur : " Nous vivons, me dit-elle, dans l'idée que l'avenir ne nous appartient pas, qu'il n'est pas pour nous... pourtant, nous lui sommes totalement liés. Dans l'avenir, nous serons très actifs. " Je pense qu'elle fait référence au futur dans son ensemble, aux millions d'années que connaîtra encore l'univers. »

Suite à ce rêve, je me suis très lucidement réjoui de cette réconciliation avec la mère de mon fils, d'autant que nous avions vécu tant de conflits... Bernadette est devenue une alliée qui me propose de collaborer au perfectionnement de mon esprit en y mettant le meilleur d'elle-même. J'ai donc accepté sa nouvelle présence dans ma vie, par le rêve.

Rêve lucide, rêve thérapeutique, rêve sage, rêve humble, rêve généreux... Quel est pour toi l'ultime du rêve, le nec plus ultra onirique ?

Le rêve magique, créateur. Tout au long de ces années d'exploration onirique, je n'en ai connu qu'un seul, que voici :

« Je suis dans ma chambre à coucher. Prenant appui sur l'air avec mes mains, je m'envole. Je décide alors de voir comment je puis utiliser toute la puissance de ma voix. Laissant le chant venir en moi, j'émets avec une force presque sans limite des sons qui vont bien au-delà de l'opéra. La voix ne dépend pas de moi, je l'invoque et elle vient. Je n'ai plus qu'à la laisser sortir par ma bouche et à la découvrir, vivante magique... Très touché, je me sens m'ouvrir à une dimension de moi-même jusqu'alors inconnue. En pleine lucidité, j'ouvre les yeux et me réveille. Je note que mon cœur bat vite. Sans bouger, je me remémore tous les détails du rêve. Soudain parvient à mes oreilles un chant ni proche ni lointain. Il n'est pas émis par une voix humaine mais n'en a pas moins des sonorités humaines, comme si tout un quartier de la ville chantait. Ce chant semble provenir d'une autre dimension. Je me dis que je suis encore à moitié endormi et dois observer plus lucidement ce qui advient. Le phénomène se répète et je m'abandonne à l'écoute, bien que le caractère neuf et inouï de l'expérience modifie mon rythme cardiaque. D'un côté, je me crois la proie d'une hallucination, de l'autre, il me semble qu'une petite porte s'ouvre en direction de ce que l'on pourrait appeler la troisième oreille comme on parle du troisième œil, de la claire audition... Je m'endors profondément et, en rêve, me vois dans une rue de Montmartre. Je marche en murmurant : " C'était une voix divine, la voix d'une déesse. Elle ne provenait pas d'une gorge mais était exhalée par la réalité même. Elle provenait des rues, des maisons et de l'air... " »

Superbe... À présent, revenons à ce rêve que l'on nomme réalité. Peut-on, comme l'affirment certaines sagesses envisager notre vie comme un rêve dont il faudrait s'éveiller ?

Je dirais plutôt qu'il faut faire de ce rêve inconscient qu'est le plus souvent notre vie un rêve lucide. À une époque, j'avais l'habitude, avant de m'endormir, de passer en revue tous les événements de ma journée. Je me la repassais comme un film, d'abord du début à la fin puis à l'envers, selon le conseil d'un vieux livre de magie. Cette pratique de la « marche arrière » avait pour effet de me désidentifier des péripéties du jour.

Après avoir, dans la première approche, analysé, jugé, pris parti, je recommençais la journée en sens inverse et me trouvais alors en état de détachement. La réalité ainsi captée revêtait les mêmes qualités qu'un rêve lucide. C'est alors que j'ai vu à quel point, comme tout le monde, je rêvais ma vie ! Passer ma journée en revue le soir équivalait à me souvenir de mes rêves au matin.

Le seul fait de me souvenir d'un rêve, c'est déjà l'organiser. Je ne revois pas le rêve tel que mais ce que j'en ai sélectionné. De même, revoyant les dernières vingt-quatre heures, je n'ai pas accès à la multiplicité du jour mais à ce que j'en ai retenu. Cette sélection constitue déjà une interprétation sur laquelle, en plus, je plaque mes jugements, mes appréciations... Pour devenir plus conscient, nous pouvons commencer à distinguer notre perception subjective de la journée de sa réalité objective. Lorsqu'on ne les confond plus, on est capable d'assister en spectateur au déroulement du jour écoulé, sans se laisser emporter par les jugements et les appréciations. À partir de cette position de témoin, il devient possible d'interpréter sa vie comme on interpréterait un rêve. Permettez-moi de vous donner un exemple d'application de cette approche : l'un de mes élèves, un nommé Guy Mauchamp, m'a un jour demandé conseil : il ne savait comment s'y prendre pour que de jeunes locataires malhonnêtes quittent une maison qui lui appartenait. M'étonnant qu'il n'ait pas eu recours à la police, puisque la loi était de son côté, je lui ait dit : « D'une certaine manière, cette situation te convient. Grâce à elle, tu es en train d'exprimer une vieille angoisse. Je te propose l'approche suivante : considère cette situation comme un rêve que tu aurais fait et essaie de l'interpréter comme tu le ferais d'un songe de la nuit précédente. As-tu un frère cadet ? » Il m'a répondu par l'affirmative, et je lui ai alors demandé si, dans son enfance, il ne s'était pas senti envahi par ce bébé accaparant l'attention de ses parents, ce qu'il a bien sûr confirmé. Je l'ai ensuite interrogé sur la relation qu'il entretenait aujourd'hui avec le frère en question. Comme je m'y attendais, Guy m'a avoué qu'ils avaient de mauvais rapports et ne se voyaient jamais. Je lui ai expliqué que c'était lui-même qui maintenait cette situation d'invasion par les locataires afin d'exprimer l'angoisse jadis causée par l'arrivée de son frère. J'ai ajouté qu'il lui fallait à présent pardonner à ce dernier, bien le traiter et faire la paix avec lui s'il voulait que la situation se résolve. Je lui ai donné un conseil de psychomagie et, une semaine plus tard, ai reçu une carte postale de Strasbourg : « Feux d'artifices sur la cathédrale — grande explosion de joie sacrée » avec le message suivant : « Suite à ma question, tu m'as prescrit un acte de psychomagie et je t'en donne le résultat pour le clôturer. Il s'agissait d'offrir un bouquet de fleurs à mon frère et de manger avec lui pour renouer un rapport fraternel et laisser de côté le passé où je m'étais senti envahi par lui. Le but était d'obtenir le départ des locataires frauduleux et illégaux de ma maison. J'ai offert les fleurs à mon frère et parlé avec lui le vendredi midi. Le vendredi soir, les deux locataires ont déménagé... avec mes meubles ! mais enfin ils sont partis et j'ai pu réintégrer ma maison. Merci ». Intéressant, non ? Emportant les meubles, c'est comme s'ils avaient embarqué une part de son passé.

Donc, vous avez poussé ce garçon à interpréter une situation existentielle comme s'il s'était agi d'un rêve truffé de symboles à décrypter...

Exactement. Puisque nous rêvons notre vie, autant l'interpréter et découvrir ce qu'elle cherche à nous dire, les messages qu'elle veut nous transmettre, jusqu'à la transformer en rêve lucide. Une fois parvenus à la lucidité, libre à nous d'agir sur la réalité, en sachant que si nous cherchons seulement à assouvir nos désirs égoïstes, nous serons emportés, perdrons tout détachement, tout contrôle et donc la possibilité d'un acte véritable. Pour pouvoir s'amuser à agir, dans le rêve nocturne comme dans ce rêve diurne que nous appelons notre vie, il faut être de moins en moins impliqué.

Ce détachement qui n'empêche ni l'action ni la compassion mais n'autorise ni l'avidité ni la sensiblerie ressemble fort à la sagesse...

Bien sûr ! À quoi bon vivre avec ses rêves et faire un effort de lucidité sinon pour s'acheminer vers la sagesse ? La réalité est un songe sur lequel nous devons travailler afin de passer progressivement du rêve inconscient, dénué de toute lucidité et qui peut être un cauchemar, à ce que j'ai appelé le rêve sage.

Et l'Éveil ? Les traditions spirituelles parlent de ceux qui se sont éveillés...

S'éveiller, c'est arrêter de rêver. Autrement dit, disparaître de cet univers onirique pour devenir celui qui le rêve.

IV

L'ACTE MAGIQUE

Comment passer de l'acte onirique à l'acte magique ?
Tout d'abord, qu'est-ce que l'acte magique selon Jodo-
rowsky ?

Bueno, ainsi que je l'ai dit, c'est au Mexique que j'ai acquis une certaine maîtrise de l'acte onirique. Si le Chili était autrefois un pays poétique, le Mexique est un pays tout à fait onirique où l'inconscient ne cesse d'affleurer. Toute personne un peu sensible y ressentira cette dimension, percevra cette présence du rêve dans la texture même de la réalité mexicaine. Par contre, on peut séjourner dix ans dans ce pays sans jamais entrevoir le Mexique magique. Il y a là-bas, dans la ville même de Mexico, tout un monde de sorciers où les étrangers auront le plus grand mal à entrer, à moins de bénéficier de sérieuses introductions. Lorsque les gens ne se portent pas bien ou que les choses vont mal, ils rendent visite à une sorcière qui effectue une sorte de nettoyage purificateur. Elle vous frotte tout le corps au moyen d'un tas d'herbes trempées dans de l'eau bénite. C'est là une pratique extrêmement courante, et pas seulement parmi les gens du peuple. Les intellectuels et les hommes politiques n'hésitent pas à s'y adonner, tant la sorcellerie fait partie de la vie mexicaine. Parmi ces sorciers, on trouve bien sûr des guérisseurs experts en champignons hallucinogènes et en plantes médicinales. Certains connaissent jusqu'à trois mille herbes. D'autres ont exclusivement recours aux excréments animaux. Il existe aussi des créatures bizarres présentant des phénomènes dont on ne sait s'ils relèvent de l'escroquerie ou de la magie. Par exemple, je me souviens d'une femme retirée dans un petit village qui se présente toujours à peine vêtue d'une chemisette : de tout son corps sortent des pointes d'acier.

La magie noire n'est pas en reste et nombre de sorciers opèrent des maléfices. On peut s'adresser à eux pour jeter un sort à son ennemi. J'ai personnellement été témoin de certaines choses. Par exemple, je m'étais moqué dans l'un de mes spectacles d'une femme très influente que tout le monde surnommait la tigresse et que l'on disait être la maîtresse du président. Mes acteurs refusaient de jouer, convaincus que la tigresse avait jeté un sort sur le théâtre. J'ai donc consenti à faire venir l'assistant d'une sorcière pour qu'il lève le maléfice. J'avoue que je rigolais en le voyant asperger le théâtre d'eau bénite. Mais ensuite, tandis que nous prenions un café, il a commencé à se plaindre et un furoncle immense lui a poussé dans l'anus. Cette soudaine éruption a en un rien de temps pris de telles proportions qu'il lui a fallu aller à l'hôpital. Pour lui, il ne faisait aucun doute qu'il avait absorbé dans son corps le mauvais sort jeté sur le théâtre.

Réaction psychosomatique ?

Cela se peut. Mais en tout cas, il se passe des choses... Un jour, un directeur d'une école de Beaux-Arts avec qui je venais de signer un contrat m'a tenu ce langage : « Tu est un naïf. Tu ne jures que par le Mexique, tout t'y semble merveilleux. Mais si tu oses regarder dans ce tiroir, tu y découvriras un autre aspect de ce pays. » Je me suis donc approché du tiroir en question, l'ai ouvert et ai aussitôt été pris d'un mal de tête atroce.

Que contenait donc ce tiroir infernal ?

D'horribles statuettes en cire utilisées par les sorcières pour torturer à distance les victimes désignées par leurs clients. Ces figures étaient en elles-mêmes si atroces à voir que j'en ai eu un malaise. Si on les exposait à Beaubourg ou au Louvre, le public verrait quelle peut être la puissance, bénéfique ou maléfique, d'une œuvre d'art. Une œuvre ainsi porteuse d'énergie affecte directement l'organisme de celui qui la contemple. Quoique, en elle-même fort désagréable, cette expérience m'a fait rêver. Je me demandais quel serait l'artiste bienfaisant, le magicien blanc dont les œuvres seraient chargées d'une telle force positive qu'elles précipiteraient le spectateur en extase. C'est un principe dont je me suis servi par la suite dans la psychomagie.

Pourriez-vous me donner un exemple ?

J'ai reçu un jour la visite d'une mère dont le fils était homosexuel. Cette femme n'avait jamais pu accepter la différence de son enfant. Tout en continuant à lui vouer une vive affection, elle éprouvait une grande honte. Le fils voulait devenir pianiste mais à chaque fois qu'il passait un examen ou donnait un concert, sa mère éprouvait une peur panique de l'échec Le pauvre garçon le sentait et en était tellement perturbé qu'il échouait effectivement. J'ai tout de suite vu que le métier de pianiste représentait pour cette femme une activité efféminée, à caractère homosexuel. Je lui ai donc indiqué un exercice. Les sorciers jeteurs de sort confectionnent de petites statuettes à l'effigie de leur victime puis la criblent d'épingles. J'ai demandé à cette mère de procéder de la même manière. Elle a donc fabriqué une figurine à l'image de son fils, a utilisé des rognures d'ongles, des cheveux et des morceaux de vêtements ayant appartenu au garçon pour que l'objet soit vraiment imprégné de son énergie. Conformément à mes instructions, elle a collé un louis d'or sous chaque pied et une petite goutte d'or sur chacun des sept *chakras*. Elle a aspergé la statuette d'eau bénite, l'a placée à côté d'un piano aux touches enduites de miel — symbole de douceur, de suavité —, a laissé dans la pièce une bougie constamment allumée et est venue prier une heure par jour pour le succès de son fils. Le concert suivant a été une réussite et les rapports du garçon avec sa mère se sont transformés.

Est-ce de la magie blanche ?

Non, c'est de la psychomagie ! Nous reviendrons plus loin sur les principes de la psychomagie, mais si j'ai donné cet exemple, c'est pour montrer en quoi je me suis inspiré des pratiques de magie noire courantes au Mexique. J'ai voulu inverser le processus : si l'on peut faire du mal à distance, pourquoi ne pourrait-on faire du bien ?

D'accord, mais il ne suffit pas d'avoir de bonnes intentions et de singer à l'envers les maléfices populaires. Comment se fait-il que semblables pratiques se révèlent opérantes ?

Le fils et la mère sont connectés psychiquement. Si la mère fait ne serait-ce qu'un pas en direction d'une autre attitude intérieure — et le passage à l'acte vient en quelque sorte incarner ce changement, lui conférer une solidité, une matérialité qui autrement serait absente —, le fils le ressent nécessairement, même s'il se trouve alors très loin. Il ne peut alors que réagir. Comme la mère ne pouvait rationnellement accepter l'homosexualité de son enfant et lui pardonner, je lui ai donné la possibilité concrète de faire un pas dans ce sens en se conformant à un cérémonial minutieusement fixé à l'avance. C'est là un langage que l'inconscient comprend. Dans l'analyse traditionnelle, il s'agit de déceler et d'interpréter les messages envoyés par l'inconscient dans le langage courant. Moi, je fais l'inverse : j'envoie des messages à l'inconscient en utilisant le langage symbolique qui lui est propre. Dans la psychomagie, c'est à l'inconscient de décrypter l'information véhiculée par le conscient.

Si je vous suis bien, il faut, en psychomagie, apprendre à parler la langue de l'inconscient pour ensuite, consciemment lui envoyer des messages...

Exactement. Et si on s'adresse directement à l'inconscient dans son propre langage, il va en principe répondre. Mais nous y reviendrons. Pour l'heure, je voudrais expliquer comment l'acte magique a contribué à l'avènement de la psychomagie. Lorsque, au Mexique,

je me suis trouvé confronté à la puissance de la
sorcellerie malfaisante, je me suis tout naturellement
posé la question de la sorcellerie bienfaisante. Si de
telles forces peuvent être mises au service du mal, ne
pourrait-on les utiliser au service du bien ? Aussi me
suis-je mis à la recherche d'un sorcier bienfaiteur. Un
ami m'a alors parlé de la fameuse Pachita, une petite
bonne femme de quatre-vingts ans que les gens venaient
consulter de très loin dans l'espoir d'être guéris. J'étais
très ému à la perspective de rencontrer cette célèbre
sorcière, aussi me suis-je préparé.

Qu'entendez-vous par « ému » ?
Je me tenais sur mes gardes. Après tout, rien ne me
garantissait que cette femme ne soit pas, elle aussi,
malfaisante. Il existe au Mexique de très dangereux
sorciers qui peuvent s'introduire subrepticement dans
l'inconscient d'un visiteur un peu sensible et lui lancer
un sort à retardement. On va les voir, on ne ressent
rien, mais au bout de trois ou de six mois, on entre en
agonie... Je me suis donc beaucoup protégé en allant
rendre visite à Pachita. Vous comprenez, ce n'était pas
la première venue : lorsqu'elle donnait des consultations, elle pouvait facilement attirer trois mille visiteurs,
si bien qu'il fallait parfois l'évacuer en hélicoptère. Il
convenait donc de prendre ses précautions...

*Comment se protège-t-on de l'influence d'une sor-
cière ?*
Ce fut en quelque sorte mon premier acte psychomagique. J'ai tout d'abord senti qu'il me fallait à tout prix
me désidentifier. Aller à elle plein de ma vieille identité,

c'était m'exposer au pire. J'ai donc commencé par m'habiller de vêtements neufs des pieds à la tête. Il importait que ces habits n'aient pas été choisis par moi. J'ai donc donné de l'argent et mes mesures à trois amis en leur demandant d'aller m'acheter tous les vêtements qu'ils voulaient.

Pourquoi trois amis ?

Pour aller davantage dans le sens de la dépersonnalisation et que la tenue ainsi obtenue ne reflète pas le goût d'un individu en particulier. Chaussettes, sous-vêtements, tout devait être absolument neuf. Ce n'est qu'au moment de partir à la rencontre de Pachita que j'ai revêtu ces nouveaux habits. En outre, je me suis moi-même confectionné une fausse carte d'identité : autre nom, autre date de naissance, autre photo...

J'ai acheté une côte de porc, l'ai enveloppée dans un papier d'argent et mise dans ma poche en guise de rappel. Ainsi, chaque fois que je mettrais la main dans ma poche, je me souviendrais au contact plutôt inhabituel de la viande que je me trouvais dans une situation spéciale et ne devais à aucun prix me laisser happer. Arrivé dans l'appartement où Pachita opérait ce jour-là, je me suis trouvé en présence d'une trentaine de personnes, dont certaines occupaient d'importantes positions sociales. Il faut préciser que je la rencontrais dans des conditions relativement privilégiées, loin des foules qui se pressaient autour d'elle lorsqu'elle opérait dans un lieu public. Je faisais moi-même partie de l'intelligentsia. Bien qu'elle n'aille jamais au cinéma, Pachita savait que j'étais metteur en scène, réalisateur d'un film dont on avait beaucoup parlé (*El Topo*)... Je me suis approché et ai vu une petite vieille toute trapue et quasiment borgne. Son front bombé et son nez tombant vers le bas achevaient de lui donner des allures de monstre. À peine avais-je passé la porte qu'elle m'a lancé un regard perçant et m'a apostrophé :

« Muchacho, mon garçon ! — c'était un peu bizarre de m'entendre appeler " muchacho " à plus de quarante ans — de quoi as-tu peur ? Approche-toi de cette pauvre vieille ! »

Lentement, je suis allé vers elle, stupéfait. Elle avait trouvé l'expression juste pour s'adresser à moi. À cette époque, en effet, je n'étais pas mûr. Si je n'étais plus un enfant, ma maturité n'était pas vraiment celle d'un homme de quarante ans. Au fond de moi, j'étais demeuré un adolescent.

« Que veux-tu de moi ? Que veux-tu de cette pauvre vieille ? m'a-t-elle alors demandé.

— Tu es guérisseuse, n'est-ce pas ? lui ai-je répondu. Je voudrais voir tes mains. »

À la stupeur générale — tout le monde se demandait pourquoi elle m'accordait soudain tant d'importance —, elle a mis sa main dans la mienne. Or, cette main de vieille était d'une douceur, d'une pureté... On aurait dit celle d'une jeune fille de quinze ans ! C'était à n'en pas croire mes sens.

« Oh ! me suis-je exclamé, tu as une main de jeune fille, de belle jeune fille ! »

À ce moment-là, instantanément, j'ai été envahi d'une sensation difficilement descriptible. Face à cette vieille difforme, j'avais l'impression de me trouver en présence de l'adolescente idéale que le jeune homme en moi avait toujours cherchée. Elle tenait sa main levée, paume vers moi et il me semblait distinctement recevoir quelque chose. J'étais tout à fait perdu et ne savais que faire. De l'assistance a monté un murmure : « Accepte le don, me disaient-ils tous, accepte-le ! » Je me suis mis à réfléchir à toute vitesse : le don de Pachita relevait de l'indicible ; aussi ai-je voulu poser un geste montrant que j'acceptais ce cadeau invisible. J'ai donc fait mine de prendre quelque chose dans sa main. Mais dès que je me suis approché, j'ai vu briller quelque chose entre son annulaire et son majeur. Je me suis emparé de l'objet métallique qui n'était autre qu'un œil à l'intérieur d'un triangle. Or, c'était précisément le symbole d'*El Topo*... J'ai commencé à tirer quelques conclusions de cette expérience pour le moins frappante : « Cette femme est un prestidigitateur exceptionnel. Lorsqu'elle a mis sa main dans la mienne, j'ai clairement senti qu'elle n'y cachait aucun objet. Elle avait préparé son coup, mais comment s'y est-elle prise pour faire jaillir cet œil de nulle part ? Comment a-t-elle su que cet objet était le symbole de mon film ? En tout cas, elle m'a bien eu. » Je lui ai alors demandé si je pouvais lui servir d'assistant et elle a de suite accepté.

« Oui, m'a-t-elle dit, c'est toi qui vas me lire le poème grâce auquel je vais entrer en transes. »

J'ai donc commencé à lui réciter un poème consacré à un héros mexicain divinisé, Cuauhtemoc. Soudain, cette vieille toute ratatinée pousse un énorme cri, proche du rugissement d'un lion, et se met à parler avec une voix d'homme :

« Mes amis, je suis content d'être parmi vous. Amenez-moi le premier malade ! »

Les patients ont commencé à défiler, chacun tenant

en main un œuf. Leur en ayant frotté tout le corps, la sorcière le cassait puis examinait blanc et jaune pour y déceler le mal... Si elle ne trouvait rien de grave, elle prescrivait des infusions, parfois des choses plus étranges telles que des lavements de café au lait. Il arrivait qu'elle conseille de manger des œufs de termite ou de se faire des emplâtres avec de la pomme de terre cuite et des excréments humains... Lorsqu'elle jugeait le problème sérieux, elle proposait une « opération chirurgicale ». Témoin de ces interventions, j'ai vu des choses incroyables, à côté desquelles les opérations des guérisseurs philippins feraient figure de manipulations anodines.

Exemple ?
Oh ! Je pourrais raconter des centaines d'opérations. Par la suite, en effet, j'ai continué à lui servir d'assistant. Je voulais être aux premières loges pour scruter le phénomène et ai ainsi été le témoin des choses les plus inouïes. Décrivons d'abord l'ambiance : la plupart du temps, Pachita opérait chez elle, à raison d'une ou deux fois par semaine. Cet appartement était envahi d'une odeur pestilentielle car elle recueillait tous les animaux malades du quartier qui vivaient là un moment, faisaient leurs besoins... C'était une torture que de l'attendre en cet endroit en respirant les crottes de chiens, de chats, de perroquets... Cependant, sitôt qu'elle entrait dans la pièce pour opérer, l'odeur semblait disparaître de par sa seule présence. Sans doute était-ce son incroyable prestance, son allure de reine qui nous faisait oublier ces effluves nauséabonds. Cette petite vieille avait l'aura d'un grand lama réincarné.

En quoi était-elle si impressionnante ?

Je me le suis souvent demandé... Car enfin, Pachita impressionnait aussi bien les incrédules que les adeptes ! Ce qui est certain, c'est qu'elle disposait d'une énergie supérieure à la normale. Un jour, l'épouse du président de la République mexicaine l'a invitée à une réception donnée dans le patio du palais gouvernemental où de nombreuses cages enfermaient diverses variétés d'oiseaux. Lorsque Pachita est arrivée, ces centaines d'oiseaux endormis se sont aussitôt réveillés et se sont mis à piailler comme pour saluer l'aurore. De nombreux témoignages ont par la suite confirmé cet incident. Mais elle ne s'en remettait pas uniquement à son charisme. Elle savait créer autour d'elle une ambiance propre à captiver le visiteur comme le malade. La maison n'était que pénombre, d'épais rideaux empêchaient toute lumière de filtrer, si bien qu'arrivant de l'extérieur, on pénétrait en un monde de ténèbres. Quelques assistants, tous convaincus de l'existence objective de l'« hermanito », le « petit frère », ainsi que Pachita nommait l'esprit qu'elle était censée contacter et qui, d'après elle, opérait les guérisons, conduisaient le nouveau venu le long d'un parcours qu'il lui fallait faire à l'aveuglette. Ces assistants jouaient, me semble-t-il, un rôle capital dans le bon déroulement des « opérations ».

Voulez-vous dire qu'ils aidaient la sorcière à effectuer des tours de passe-passe ?

Il se peut que Pachita ait été un prestidigitateur de génie... En fait, on ne le saura jamais. Reste que tous ces assistants, quelque rôle qu'ils aient pu jouer, n'étaient pas les complices d'une supercherie ; tous avaient une foi immense en l'existence du « petit frère ». Aux yeux de ces braves gens, c'était ce dernier l'important. Pachita n'était qu'une excellente guérisseuse, un « channel » comme on dirait aujourd'hui, un instrument utilisé par Dieu. Ils respectaient la vieille femme mais ne la vénéraient pas lorsqu'elle n'était pas en transe. Pour eux, l'être désincarné était plus réel que la personne de chair et d'os à travers laquelle il se manifestait. Cette foi dont Pachita était entourée générait une atmosphère magique, elle contribuait à persuader le malade qu'il avait des chances de guérir.

Comment se déroulait une consultation « ordinaire » chez Pachita ?

Assis dans une salle obscure, on attendait son tour pour entrer dans la pièce où opérait la sorcière. Tous les assistants parlaient à voix basse, comme dans un temple. Parfois, l'un deux sortait de la « salle d'opération » en dissimulant dans ses mains un mystérieux paquet. Il entrait dans les toilettes et, par la porte entrebâillée, on apercevait la lueur de l'objet se consumant. L'assistant sortait et murmurait à notre intention : « N'entrez pas avant que le mal ait brûlé. Tant qu'il est actif, s'en approcher est dangereux. Vous pourriez l'attraper... » Qu'était-ce vraiment que « ce mal » ? Nous n'en savions rien, mais le seul fait de devoir se retenir d'uriner tant que durait l'une de ces immolations par le feu créait une impression étrange. On quittait peu à peu la réalité habituelle pour basculer en un monde parallèle, tout à fait irrationnel. Puis soudain surgissaient de la salle d'opération quatre assistants portant un corps inerte enveloppé dans un drap maculé de sang. Ils posaient ce corps à même le sol, comme un cadavre. En effet, une fois l'opération terminée et les pansements posés, Pachita exigeait du patient l'immobilité absolue pendant une demi-heure, sous peine d'une mort immédiate. Craignant d'être anéantis par des forces magiques, les opérés ne faisaient plus le moindre geste. Immobiles comme la pierre, ils paraissaient bel et bien morts. Il va sans dire que cette savante mise en scène mettait le candidat en condition. Lorsque Pachita l'appelait à voix basse, utilisant toujours la même formule : « C'est maintenant ton tour, enfant chéri de mon âme », il se mettait généralement à trembler de tous ses membres et retombait en enfance. En ce sens, il est permis de dire que cette sorcière ne soignait pas des adultes mais des enfants et les traitait comme tels, quel que soit leur âge. Je me souviens l'avoir vue donner un bonbon à un ministre et lui demander de sa voix grave et tendre : « Qu'est-ce qui te fait mal, mon petit garçon ? » Les gens s'abandonnaient à elle corps et âme, la prenant pour antidote à leur terreur.

Vous venez de me décrire l'ambiance, les préliminaires, certes très importants ; mais j'aimerais savoir comment se déroulait en général l'opération elle-même... En tant qu'« assistant », vous en avez été un témoin privilégié...

Si l'on peut dire, car j'étais comme les autres : capté par la magie ambiante ! Pachita faisait allonger le patient sur un lit de camp, toujours, à la lumière d'une bougie,

les organes internes risquant, d'après elle, d'être
endommagés par la lumière électrique. Elle désignait
l'endroit du corps où elle allait « opérer », l'entourait
de cotons et y versait un litre d'alcool. L'odeur du
produit se répandait dans la pièce, instaurant ainsi une
atmosphère de salle d'opération. La guérisseuse était
toujours entourée de deux aides — j'étais souvent l'un
de ces deux assistants — ainsi que d'une demi-douzaine
d'adeptes à qui il était formellement interdit de croiser
les jambes, les bras ou les doigts, de sorte que l'énergie
puisse circuler librement. Debout à ses côtés, je voyais
son doigt s'enfoncer presque entièrement dans l'œil
d'un aveugle... Je la regardais « changer le cœur » d'un
patient : de ses mains, elle paraissait lui ouvrir la
poitrine, le sang coulait...

Elle me faisait plonger la main dans la blessure : je
sentais la chair remuée et m'en retirais les doigts
ensanglantés. D'un bocal posé à côté, je lui passais un
cœur venu d'on ne savait où — de la morgue ou de
l'hôpital — qu'elle « greffait » au malade d'une manière
magique : sitôt posé sur la poitrine, le cœur semblait
être absorbé et disparaissait d'un coup, comme aspiré
par le corps du patient. Ce phénomène d'« aspiration »
était commun à toutes ses « greffes » : elle prenait un
morceau d'intestin qui, à peine posé sur le sujet
« opéré », disparaissait en lui. Je l'ai vue ouvrir une tête
et y mettre les mains. On sentait l'odeur des os qui
brûlaient, on entendait des bruits de liquide... Tout cela
n'était pas dénué de violence et constituait un spectacle
plutôt choquant, à la mexicaine, mais Pachita se montrait en même temps d'une extraordinaire douceur.

Quel était le rôle des adeptes présents ?

La sorcière comptait beaucoup sur leur présence. Il arrivait que l'opération semble mal tourner ; à ce moment-là, Pachita et le malade lui-même sollicitaient le secours actif de toutes les personnes présentes.

Pourriez-vous me donner un exemple ?

Je me souviens d'opérations durant lesquelles le « petit frère » s'écriait brusquement par la bouche de Pachita : « L'enfant est en train de se refroidir, vite, réchauffez l'air, ou nous allons le perdre... » La seconde après, nous étions tous en train de courir, au bord de l'hystérie, en quête d'un radiateur électrique... Au moment où nous allions le brancher, il arrivait que l'on s'aperçoive que l'électricité avait été coupée ! « Faites quelque chose, malheureux, ou l'enfant va entrer en agonie ! » rugissait le petit frère, tandis que le malade, au bord de la crise cardiaque, se voyant sans doute le ventre ouvert et les tripes à l'air, geignait, glacé de terreur : « Mes frères, je vous en supplie, aidez-moi ! »... Et nous nous retrouvions tous bouche collée contre son corps à souffler sur lui de toute notre énergie, angoissés et oublieux de nous-mêmes, tentant désespérément de le réchauffer de notre haleine... « Très bien, mes enfants chéris », s'écriait soudain l'hermanito, la température remonte, le danger est écarté, je peux continuer. »

Vous n'avez jamais laissé un cadavre sur le lit de camp ?

Non. À ma connaissance, Pachita n'a jamais tué personne en essayant de le soigner, même si les opérations comportaient souvent des instants limites. Cela semblait en quelque sorte faire partie du processus.

Les opérés souffraient-ils ?

En général, oui, l'opération pouvait être assez douloureuse. À la mort de Pachita, le don fut transmis à son fils Enrique qui se mit à opérer comme sa mère. J'ai assisté à l'une de ses opérations et ai noté que le « petit frère » parlait avec davantage de douceur et que le couteau ne faisait plus mal.

J'en ai fait la remarque à l'un des assistants qui m'a répondu : « D'incarnation en incarnation, le petit frère fait des progrès. Il a appris tout dernièrement à ne pas faire souffrir ses patients... »

Vous avez dit que Pachita faisait preuve de beaucoup de douceur, en dépit de son grand couteau. Lui arrivait-il d'être effrayante ?

Oh oui, elle savait très bien comment recourir à une thérapeutique de la terreur. À ce sujet, j'aimerais te citer un témoignage rédigé par mon ex-femme, Valérie Trumblay, qui fut en même temps que moi assistante de la guérisseuse :

« Suite à une fausse couche — j'avais perdu l'enfant après avoir trop dansé lors d'une répétition théâtrale —, je souffrais de divers problèmes aux ovaires. Les médecins ne trouvaient rien et y voyaient les effets psychosomatiques d'une culpabilité. Quoi qu'il en soit, la douleur était bien là, insupportable, pendant des mois... Je me suis décidée à consulter Pachita. Elle m'a touché le ventre sans même que je me déshabille et m'a dit : " Tu étais enceinte de jumeaux. Il reste en toi un fœtus mort. Il faut que je t'opère. Viens vendredi soir à jeun avec un paquet de coton, un bandage et un litre d'alcool. Prends cette infusion pendant les trois jours précédant l'opération. " Le vendredi, Pachita en transes me fait assister à une opération avant d'intervenir sur moi. Le petit frère ouvre un corps, sort le cœur qui palpite, en introduit un autre qu'il dit avoir acheté dans un hôpital, me fait toucher de la main les viscères, ferme la blessure d'une seule imposition de la main, puis demande aux assistants d'amener l'opéré à la salle de récupération. " C'est ton tour ", me dit alors la sorcière. Me voilà qui tremble comme une feuille, claque des dents, transpire... Lorsque je l'ai vue lever son couteau ensanglanté, je suis tombée assise sur le plancher, en proie à une immense terreur. L'hermanito m'a alors dit sévèrement, par la bouche de Pachita prenant soudain une grosse voix d'homme : " Calmetoi et viens te coucher ici, sinon je ne pourrai rien faire et tu auras une gangrène dans les ovaires. " La bouche sèche, je me suis difficilement relevée pour aller m'étendre sur le lit de camp. Pendant qu'un assistant descendait ma jupe pour me dénuder le ventre, les autres se sont mis à prier sous le portrait de Cuahtemoc, l'empereur vénéré qui, selon eux, n'était autre que l'esprit dont la sorcière était possédée. Cette dernière a versé un peu d'alcool sur des cotons puis me les a mis sur le ventre autour de l'endroit où elle s'apprêtait à couper. Puis, très rapidement, d'un geste froid de chirurgien, elle m'a donné un coup de couteau dans le ventre. J'ai ressenti une très vive douleur, entendu des bruits liquides, senti l'odeur du sang et me suis crue morte. Les trois minutes de l'opération m'ont semblé une éternité ; mon cœur battait à mille à l'heure, j'avais les tripes à l'air et mon corps était glacé. Elle, cependant, ou plutôt le petit frère, paraissait imperturbable : pas un mot, aucun geste inutile, une précision redoutable... J'ai soudain senti une douleur lancinante, comme si on m'arrachait un morceau de viscère, puis Pachita m'a montré une forme gluante et noire semblable à un petit octopus. " Voilà le fœtus, il est pourri... "

L'odeur était insupportable. " Donnez-moi un sac ", s'est-elle écriée. Les assistants ont couru à la cuisine chercher un sac plastique de supermarché. Pachita a soigneusement enveloppé le paquet, l'a attaché avec un ruban rouge et l'a donné à son fils avec ces mots : " Tu iras cette nuit le jeter au canal, dans les eaux obscures, en lui tournant le dos, puis tu partiras sans te retourner. Les choses malignes s'accrochent au regard... " Puis, de ses mains, elle a fermé la blessure, et la douleur a instantanément disparu, en même temps que ma peur. Elle m'a mis le bandage autour du ventre et prescrit trois jours de repos ainsi qu'une boisson préparée spécialement pour moi. Comme j'étais la dernière patiente de la journée, Pachita devait à présent reprendre son corps et laisser le petit frère repartir dans son royaume. Je commençai à pleurer, si fort que la petite pièce paraissait emplie à ras bord de mes sanglots. Tandis que les assistants priaient afin que Pachita redevienne femme, j'entendais dans le couloir une petite voix qui pleurait en appelant : " Maman, maman... " Personne d'autre ne semblait l'entendre, si bien que je m'écriai : " Il y a un enfant dehors qui demande sa maman. " Ils m'ont sévèrement intimé l'ordre de me taire et de laisser partir le vampire. Il m'a fallu un mois pour marcher normalement. Une douleur terrible me transperçait le ventre au moindre mouvement brusque. Mais le résultat de l'opération s'avéra radical : jamais plus je n'ai eu à souffrir de ces ovaires qui m'avaient causé tant de problèmes. À compter de ce moment, je suis devenue une inconditionnelle de Pachita et ai assisté, en compagnie d'Alexandro, à d'innombrables opérations. Je ne saurais dire si ce dont j'ai été témoin relevait de la vérité ou de l'illusion ; mais je sais que cette femme guérissait ceux qui avaient foi en elle et surtout en l'hermanito. Elle a consacré sa vie entière à l'humanité souffrante. Si elle a triché, ce fut une " tricherie sacrée ", comme dirait Alexandro.

À présent, je voudrais raconter un cas d'échec dû, selon moi, au manque de foi ou à la mauvaise foi du patient : je connaissais une riche Américaine, divorcée, qui souffrait d'un délire de persécution et était persuadée que la mort la poursuivait, circulant à travers elle et l'utilisant comme un canal. Sa femme de ménage s'était noyée dans la piscine, sa mère avait péri dans un accident d'avion alors qu'elle venait lui rendre visite, un de ses très proches amis s'était suicidé, et j'en passe... Je l'ai donc emmenée chez Pachita en annonçant à cette dernière que j'allais lui amener une possédée. L'Américaine est arrivée chez la sorcière dans un état d'esprit ambigu. C'était plutôt moi qui la poussais à croire, tandis qu'elle s'enfermait en une méfiance de femme blanche descendue chez les Indiens. Elle a pénétré dans la salle d'opération avec un air dégoûté et méprisant. La voyant arriver, l'hermanito incarné en Pachita est devenu tout rouge et, l'écume aux lèvres, agitant son couteau avec une expression meurtrière, s'est jeté sur l'Américaine comme pour la tuer. Les huit personnes présentes se sont jetées sur la sorcière, mais elle faisait preuve d'une telle force que nous avions peine à la contrôler. Nous avons chanté des incantations, si bien qu'après des

minutes de panique et une crise de rage à la frontière de
l'épilepsie, l'hermanito s'est calmé. Il a commencé à
caresser la tête de l'Américaine soudain devenue toute
humble, comme une enfant transie de peur. " Tu vois,
ma petite fille chérie, murmurait-il par la bouche de
Pachita, tu es possédée par un démon criminel. Sans
t'en rendre compte, c'est toi qui donnes la mort. Tu
désires tuer. Ne te mens pas à toi-même, sois sincère et
rends-toi compte que par peur du monde et par
rancune tu es envahie d'une soif de destruction. Il faut
que tu suives mes instructions au pied de la lettre si tu
veux être libre. " L'hermanito lui a ordonné d'aller au
marché des herbes médicinales et magiques pour y
acheter sept rubans de couleur différente et un morceau
de corail. Pendant vingt et un jours, elle devait chaque
nuit s'envelopper le corps dans ces sept rubans et
dormir ainsi emmaillotée comme une momie, avec sur
la poitrine le morceau de corail en guise de pendentif.
Pour moi, le message était clair : dormir chaque nuit
enveloppée dans l'arc-en-ciel, symbole de l'alliance
avec Dieu, et purifiée par l'humble beauté du corail.
Mais la malade ne l'entendait pas de cette oreille. La
consultation terminée, elle a réintégré sa vieille personnalité et a créé tous les obstacles imaginables pour
suivre les instructions et se rendre au marché. Elle s'est
d'abord cassé un orteil, puis a proposé d'acheter les
rubans dans un magasin du centre-ville, le marché lui
apparaissant comme un endroit sale rempli d'Indiens
pouilleux... Au bout de deux ou trois semaines, je l'ai
convaincue de m'y accompagner. Une fois au marché,
elle a fait preuve d'une avarice absurde, discuté le prix
du corail et des rubans au point de se mettre en colère,
tout cela pour quelques centimes. Enfin, nous sommes
parties avec le paquet à la main, paquet qu'elle s'est

empressée d'oublier dans le taxi. Elle a alors décidé de ne rien faire pour le récupérer. Excédée, je l'ai quittée pour ne plus jamais la revoir, l'abandonnant à son monde sans foi et sans amour, victime d'elle-même... Quelques années plus tard, j'ai lu dans le journal qu'elle avait assassiné son amant... Pachita avait raison : cette femme était une meurtrière. L'hermanito, en voulant se jeter sur elle pour la tuer, avait agi en tant que miroir. Accrochée à ses souffrances, elle ne voulait pas changer et n'a donc pu bénéficier de la sagesse transmise par Pachita, qu'elle n'était finalement allée trouver que sur mon insistance, sans avoir foi en son pouvoir. Tout cela pour dire qu'il était nécessaire de collaborer avec la sorcière. L'hermanito ne pouvait guérir quelqu'un qui ne le désirait pas profondément et refusait de coopérer.

Ainsi, il pouvait arriver que quelqu'un ait la foi mais ne désire pas pour autant recouvrer la santé. Je me souviens par exemple d'une femme nommée Henriette, patiente d'un médecin de nos amis qui ne lui donnait pas plus de deux ans à vivre. Elle était atteinte d'un cancer et avait déjà subi l'ablation de ses deux seins. Convaincue par son médecin qui était partisan de tout essayer, cette femme m'a accompagnée au Mexique. Quoique très dépressive, elle se déclarait prête à se faire opérer par Pachita. Cette dernière lui a proposé de purifier son sang en lui injectant deux litres de plasma en provenance d'une autre dimension, matérialisés par l'hermanito... Le jour venu, à l'issue du cérémonial habituel, Henriette s'est trouvée étendue sur le lit de camp. Le petit frère lui a planté le couteau dans le bras et nous avons entendu son sang s'écouler dans un seau de métal, en un jet épais et malodorant. Puis l'hermanito a introduit dans la blessure l'extrémité d'un tube

en plastique d'une longueur d'un mètre et levé l'autre
bout dans les airs pour le connecter avec l'invisible.
Nous avons entendu le bruit d'un liquide s'écoulant
paisiblement de nulle part et l'hermanito a dit :
" Reçois le plasma saint, ma petite fille, ne le refuse
pas. " Le jour suivant l'opération, Henriette était triste.
Elle ne croyait pas aux effets de cette " transfusion " et
se laissait aller. J'essayai de la secouer un peu, mais en
vain. Elle se montrait jalouse comme une gamine,
renfermée et égoïste. Elle tentait de me culpabiliser de
vouloir l'arracher à son calvaire. Deux jours plus tard,
un gros abcès plein de pus est apparu sur son bras.
Affolée, j'ai appelé Enrique, le fils de Pachita, qui,
après avoir consulté sa mère, m'a répondu : " Elle a foi
en la médecine mais elle la refuse. Elle veut se défaire
du plasma saint. Qu'elle fasse ses besoins le soir dans
un pot de chambre puis le matin s'applique l'excrément
sur le bras pour faire exploser ce foyer d'infection. "
J'ai transmis ce message à Henriette qui s'est alors
enfermée dans sa chambre. Je ne sais si elle a suivi ou
pas le conseil, toujours est-il que l'abcès a explosé pour
laisser à l'endroit de la blessure un trou énorme, si
profond que je pouvais voir l'os. Je l'ai immédiatement
emmenée chez Pachita qui, devenue l'hermanito, a dit à
la malade de sa voix d'homme : " Je t'attendais, ma
petite fille, je veux te donner ce que tu désires.
Viens... " La prenant par la main comme une enfant, la
guérisseuse l'a amenée sur le lit de camp et, ô surprise,
s'est mise à fredonner une vieille chanson française tout
en balançant son couteau sous les yeux grands ouverts
de la malade. Je crois qu'elle l'hypnotisait. Elle lui a
alors demandé : " Dis-moi, ma petite fille chérie,
pourquoi as-tu voulu qu'on te coupe les seins ? " Et

Henriette, d'une voix d'enfant, a répondu : " Pour ne jamais devenir mère.

" Et maintenant, ma petite fille chérie, a poursuivi Pachita, tu vas te faire couper quoi ?

— Les ganglions qui gonflent dans mon cou.

— Pourquoi ?

— Pour ne pas être obligée de parler avec les gens.

— Et après, ma petite fille chérie ?

— On coupera les ganglions qui gonflent sous mes bras.

— Pourquoi ?

— Pour que je puisse cesser d'agir, de travailler.

— Et après ?

— On coupera ceux qui gonflent près de mon sexe, pour que je puisse demeurer seule avec moi-même.

— Et après ?

— Les ganglions des jambes, pour qu'on ne m'oblige pas à aller où que ce soit.

— Et après, que veux-tu ?

— Mourir...

— Bien, ma petite fille, maintenant tu connais le chemin que va suivre ta maladie. À toi de choisir : soit tu suis ce chemin, soit tu guéris. "

Pachita a recouvert le trou d'un emplâtre, si bien que trois jours plus tard, la blessure était cicatrisée. Henriette a décidé de rentrer à Paris et est morte deux semaines après son arrivée. Lorsque j'ai fait part de cette triste nouvelle à Pachita, celle-ci a répondu : " L'hermanito ne vient pas ici seulement pour guérir. Il aide aussi ceux qui le désirent à mourir. Le cancer et les autres graves maladies surviennent comme des guerriers, en suivant un plan de conquête très précis. Quand tu révèles à un malade désireux de se détruire le chemin emprunté par sa maladie, il s'empresse de le suivre. C'est la raison pour laquelle ta Française, au lieu de souffrir deux ans, a cessé de lutter. Elle s'est rendue à sa maladie et l'a aidée à accomplir son plan en deux semaines. " J'ai compris la leçon : auparavant, je croyais qu'il suffisait, pour sauver quelqu'un, de le rendre conscient de sa pulsion autodestructrice. J'ai découvert grâce à cette histoire que cette prise de conscience pouvait également accélérer le décès. »

Le témoignage de Valérie est effectivement très intéressant, notamment en ce qui concerne la relation entre la guérison et la foi, ainsi que l'importance du désir de vivre. Pour votre part, qu'en pensez-vous, Alexandro ? Pour guérir, fallait-il nécessairement avoir la foi ?

Non pas nécessairement. Tout ce que raconte Valérie est rigoureusement exact, mais on ne peut en tirer un principe général. Sans doute était-ce préférable d'avoir la foi, mais ce n'était pas une condition *sine qua non*. En outre, Pachita paraissait savoir exactement comment ébranler les sceptiques qui venaient à elles, ainsi qu'elle l'avait d'ailleurs fait en me mettant entre les mains le symbole de mon film. Un jour, je lui ai amené le cascadeur français Jean-Pierre Vignau. C'était un colosse, champion de karaté, qui ne croyait pas à ces choses et n'entendait pas s'en laisser compter par une vieille Mexicaine. Il souffrait d'une jambe et je l'ai pressé de suivre ma femme chez Pachita. Il était très réticent mais, comme je l'accusais d'avoir peur, il a fini par consentir à la rencontrer tout en se jurant de ne pas être dupe.

Et alors, quel fut le résultat de cette confrontation
entre la vieille sorcière et le cascadeur à qui on ne la fait
pas ?

Il se trouve que Vignau, très marqué par cet épisode,
l'a lui-même raconté dans ses mémoires publiées en
1984 chez Robert Laffont sous le titre *Corps d'acier*. Je
vais donc vous donner lecture du passage concerné. Ce
témoignage d'un sceptique ne peut qu'ajouter du poids
à tout ce que je t'ai déjà dit de Pachita :

« Au cours de ce séjour au Mexique chez lui
[Alexandro] je devais rencontrer la personne la plus
insolite de mon existence. À la fois l'être le plus insolite
et le plus réel. Je trimbalais une déchirure musculaire à
la cuisse depuis des mois. Pas une petite déchirure,
non. Un truc gros comme deux poings fermés avec un
trou au milieu. J'avais cavalé pendant des semaines à
Paris, de toubib en spécialiste, pour qu'ils me réparent
ça. Rien à faire. On me conseillait simplement d'arrêter
toute technique de karaté parce que c'était irrécupéra-
ble. Un soir, Jodorowsky dit à sa femme Valérie qu'il
serait peut-être possible de m'emmener voir Pachita,
une vieille guérisseuse de Mexico. On dirait une
sorcière ici. Et me voilà parti pour chez Pachita, un
matin de bonne heure, avec Valérie qui porte un œuf
cru dans sa main, quelque chose qui a à voir avec le
traitement.

Nous arrivons dans une petite rue pas large. Une
grande porte cochère en bois. Valérie frappe. La porte
s'entrebâille sur un bonhomme à qui elle explique le
but de notre visite. Il nous laisse entrer. La cour était
pleine de monde. Des hommes, des femmes, des
enfants, d'un peu toutes les catégories sociales mais
surtout des pauvres, des Indiens, des métis, des Mexi-

cains très typés, les paniers, la boustifaille, les mômes
attachés dans le dos et tout ça, ça discute, ça braille, ça
palabre. Au fond de la cour, sur un tas de bois, un petit
aigle qui fixe tout ça de son œil perçant, tranquille.

Nous attendons. Au bout de vingt minutes à peu
près, une porte s'ouvre dans la maison qui ferme la
cour. Une petite vieille en sort, une vieille dame. Elle
ressemble à beaucoup de femmes qui sont installées
autour de la cour. Sauf qu'elle est très petite, grosse,
large, ronde, avec un œil blanc qui a l'air de voir mieux
que l'autre, de voir ce que le bon ne voit plus.
Impossible de lui donner un âge. Elle aurait pu avoir
cent ans comme cinquante. Elle est là dans la cour, elle
regarde tout le monde, elle choisit un bonhomme, lui
tend une main. Vous... Le type se lève et la suit dans la
maison. Un moment, un long moment plus tard, il
ressort. Elle contemple à nouveau ces gens rassemblés
et elle me désigne du doigt. Vous... C'est moi. Je sens
que je prends comme une position mentale d'ouverture
face à cette personne insolite. Je me dis : " Je ne
connais pas, je ne sais pas. Donc, je m'ouvre. Elle ne
pourra pas m'abîmer plus la jambe, de toute façon... "

Un peu étonné tout de même de passer avant tout le
monde — mais Alexandro m'expliquera qu'elle considère que les hommes doivent passer avant les femmes,
parce que les hommes supportent moins bien la
souffrance, les femmes peuvent attendre —, donc
j'entre derrière elle, accompagné de Valérie qui lui
explique mon cas en espagnol...

Tout d'un coup, cette petite vieille se retourne vers
moi et me fait deux ou trois mouvements de karaté très
rapides en me regardant de son œil blanc. Là, je lui
aurais donné vingt ans si on m'avait demandé son âge.
Puis elle prend l'œuf cru apporté par Valérie, le casse et

m'en passe partout, sur le visage, sur mes manches, sur ma chemise, sur mon pantalon. Ensuite elle prend une sorte de liquide blanc dans une grande bouteille derrière elle et fait comme pour l'œuf. Me voilà entièrement badigeonné. Elle touche ma jambe là où percent les boules de ma déchirure. Puis elle se retourne, s'approche d'une sorte de petit autel, comme une petite crèche avec des personnages et des bougies et elle se met à prier, à marmonner. J'écoute. Je ne comprends rien mais j'écoute. La pièce est sombre, seulement éclairée par trois-quatre bougies. Une table où les gens doivent s'allonger quand on les opère, deux ou trois assistants qui sont ici pour apprendre ou pour qu'elle leur retransmette son don. Et Pachita qui prie. Puis elle s'arrête, se dirige vers ses assitants et leur dicte une liste de produits, d'herbes, de plantes. Ils donnent la liste à Valérie pour moi. Je me tourne vers elle.

« Et qu'est-ce que je dois donner, moi, dans tout ça ?

— Tu donnes ce que tu veux, un peso, deux pesos... »

J'ai pris au hasard le premier billet dans ma poche qui représentait je ne sais combien de pesos, j'ai oublié, et nous avons retraversé la cour. Puis nous sommes allés sur un de ces grands marchés mexicains tout en couleurs, en cris et en fébrilité où les gens s'agitent à tel point qu'on dirait, comme en Afrique, que la chaleur ne les affecte pas. Dans ce marché assez fou nous avons acheté tout ce qu'il fallait. De retour chez Alexandro, Valérie m'a fait une bouillabaisse de tout ça, qu'elle m'a mise en cataplasme sur la cuisse. Je l'ai gardé trois semaines. Je vivais normalement, je m'entraînais avec. Et au bout de trois semaines elle me l'a enlevé. Plus rien ! La seule douleur que j'avais ressentie c'est quand en enlevant le cataplasme ça m'a arraché les poils. Ma déchirure avait disparu, totalement. Et je n'ai jamais eu aucun problème avec. Bien sûr tous ceux qui ne l'ont pas vécu peuvent discuter ferme face à la minorité de ceux qui ont connu une telle situation. Mais Pachita m'avait réellement guéri. »

Voilà donc le témoignage de Jean-Pierre. Intéressant, non ?

Certes ! Selon vous, que faut-il en conclure ?

Jamais je n'affirmerai que les manipulations de Pachita étaient de vraies opérations ; mais jamais je n'affirmerai le contraire... Et j'ai fini par conclure que cela n'avait pas d'importance. C'est notre croyance en un monde « objectif », notre mentalité moderne soi-disant rationnelle qui fait que ce genre de questions nous tourmente. Nous prétendons toujours nous situer en tant qu'observateur détaché d'un phénomène supposé extérieur et dont les mécanismes doivent être clairement cernés. Dans la mentalité « chamanique », par contre, ce type de problèmes ne se pose même pas. Il n'y a pas de sujet observateur et d'objet observé, il y a le monde en tant que rêve grouillant de signes et de symboles, champ d'interaction où se rencontrent des forces et influences multiples. Dans ce contexte, savoir si les opérations de Pachita sont « réelles » ou non s'avère incongru. Quel réel ? Dès lors que l'on pénètre dans le champ énergétique de la sorcière, que l'on s'incorpore à sa réalité et qu'elle entre dans la tienne, vous évoluez tous deux au sein d'un réel où les pratiques de guérison se révèlent opérantes. Et le fait est que nombre de gens furent bel et bien guéris ! En outre, si je reviens au point de vue dit « objectif », jamais je

n'ai pu la prendre en défaut, jamais je n'ai pu déceler le
« truc », même en me tenant juste à côté d'elle semaine
après semaine, pendant des heures... Quoi qu'il en soit,
on ne peut que reconnaître le génie de Pachita. Si c'était
du théâtre, quelle actrice ! S'il s'agissait de prestidigitation, cette bonne femme était le plus grand prestidigitateur de tous les temps ! Et quelle psychologue...

Que vous a-t-elle appris ? Qu'en avez-vous retiré
pour votre pratique future de la psychomagie ?

J'ai d'abord appris comment traiter les gens. Grâce à
elle, j'ai compris que toute personne — ou presque —
est un enfant, parfois un adolescent. Chaque fois que
quelqu'un venait à elle, elle commençait immédiatement par le toucher avec ses mains, établissant ainsi un
rapport sensoriel et mettant les gens en confiance. Il se
produisait un phénomène étrange : dès que l'on sentait
sur soi les mains de cette vieille femme, elle nous
apparaissait comme la mère universelle et il n'y avait
plus moyen de lui résister. J'en témoigne d'autant plus
que j'étais à l'époque extrêmement rétif aux maîtres et
refusais de me soumettre à qui que ce soit. Mais à son
contact, mes résistances fondaient comme neige au
soleil. Pachita savait qu'en l'adulte, même affirmé,
sommeille un enfant avide d'être aimé et qu'une
certaine manière de toucher ferait bien plus que des
paroles pour d'emblée instaurer la confiance et mettre
le sujet en état de réceptivité. Ce toucher paraissait aussi
lui permettre d'établir un diagnostic. Je me souviens par
exemple du jour où je lui ai amené un ami français. Il
souffrait depuis un certain temps et il avait fallu six
mois aux médecins français pour découvrir la présence

d'un polype à l'intestin. Pachita lui a passé les mains sur le corps et s'est aussitôt prononcée sur la présence d'une grosseur à l'intestin. Mon ami n'en revenait pas !

Mais outre ces facultés quasi divinatoires, cette sorcière se livrait parfois à ce qui m'apparaît aujourd'hui comme de merveilleux actes psychomagiques : elle a un jour reçu un homme qui était au bord du suicide parce qu'il ne supportait pas de perdre ses cheveux à trente ans. Il avait essayé tous les traitements possibles, sans succès, et ne pouvait admettre de se voir chauve. L'« hermanito » lui a demandé par la bouche de la vieille : « Crois-tu en moi ? » Il a répondu par l'affirmative et, de fait, il avait foi en Pachita. L'esprit lui a alors donné l'instruction suivante : « Procure-toi un kilo d'excréments de rat, pisse dedans, malaxe le tout pour en faire une pâte que tu t'appliqueras sur la tête. Cette médecine fera repousser tes cheveux. » L'homme a vaguement protesté mais Pachita a insisté, lui disant que s'il voulait éviter la calvitie, il lui faudrait en passer par là. Il s'est incliné et a décidé de se soumettre à ce traitement incongru. Trois mois plus tard, il est revenu et s'est adressé à la vieille : « Il est très difficile de trouver des excréments de rat, mais j'ai fini par dénicher un laboratoire élevant des rats blancs. J'ai donné la pièce à un laborantin qui a consenti à conserver les excréments pour me les donner. Lorsque j'ai eu le kilo, j'ai pissé dessus, fait la pâte, pour soudain me rendre compte que cela m'était égal de ne plus avoir de cheveux. Aussi n'ai je pas appliqué la mixture, désormais décidé à me contenter de mon sort. »

J'y ai vu un acte psychomagique essentiel. Pachita lui a demandé un prix qu'il n'était pas vraiment prêt à payer. Se trouvant mis au pied du mur, au moment de passer à l'acte, il s'est rendu compte qu'il pouvait parfaitement accepter son sort. Confronté à la réalité de l'acte difficile qui lui était demandé, il a vu qu'il préférait demeurer chauve. Il est sorti de son monde de pensées, de son imaginaire, pour regarder le réel en face. Ces directives à première vue absurdes lui ont donc donné l'occasion de mûrir, elles l'ont fait passer par tout un processus au terme duquel il lui est devenu possible de s'accepter tel qu'il était. C'est bien ainsi que je conçois la psychomagie. Il n'était pas rare que Pachita entraîne les gens dans une démarche bizarre destinée, en fin de compte, à les réconcilier avec un aspect d'eux-mêmes. Je me souviens d'une personne qui avait un gros problème par rapport à l'argent et ne parvenait pas à gagner sa vie. La vieille lui a imposé un étrange cérémonial : le « patient » devait chaque nuit uriner dans un pot de chambre jusqu'à le remplir. Il lui fallait ensuite laisser le pot sous son lit et dormir pendant trente jours au-dessus de son pipi. En tant que témoin de cette consultation, je me suis bien sûr demandé quelle pouvait en être la signification. Peu à peu, j'ai commencé à en entrevoir le sens : si une personne ne souffrant d'aucun handicap particulier sur le plan physique ou intellectuel ne parvient pas à gagner sa vie, c'est qu'elle ne le veut pas. Une part d'elle-même s'y oppose et se trouve en conflit avec l'argent. Or, suivre les directives de Pachita, c'est très vite s'exposer à un véritable supplice : il ne faut pas longtemps pour que l'urine conservée jour après jour sous le lit dégage une odeur pestilentielle. Contraint de dormir au-dessus du pot, le patient marine dans ses propres remugles, en vient à baigner dans les effluves de ses déchets. Par ailleurs, un tel exercice exige que l'on se sacrifie et développe la volonté. Il en faut pour supporter les retrouvailles nocturnes avec son pipi...

Je n'en doute pas, Alexandro, mais quel rapport avec l'argent ?

D'abord un rapport symbolique : le pipi est jaune, comme l'or. Mais en même temps, c'est un déchet... Produire des déchets procède d'un besoin naturel ; et le besoin d'uriner ou de déféquer est lui même une conséquence d'un autre besoin, celui de manger et de boire. Or, pour subvenir à ses besoins, il faut gagner de l'argent. L'argent en tant qu'énergie s'inscrit dans la chaîne des besoins et doit donc circuler... La personne ne gagnait pas sa vie parce qu'elle éprouvait une répulsion à l'égard de l'argent considéré comme sale, vil... L'énergie argent était chez elle bloquée. Il lui en fallait mais elle ne voulait pas se trouver impliquée dans sa manipulation. Une part d'elle-même refusait de prendre part à ce mouvement qui fait que l'argent rentre et sort, se transforme en nourriture... Elle répugnait à reconnaître la place légitime de l'« or » dans ce réseau que constitue toute existence. Pachita l'a obligée à domestiquer cette peur. Se retrouvant chaque nuit seul avec son pipi stagnant, le patient a subtilement compris que l'or/excrément n'est « sale » que s'il ne circule pas. Si on refuse de le voir et qu'on le pose sous le lit, les ennuis commencent... L'« or » ne puait que parce qu'il lui l'avait assigné une place honteuse. Enfin, ainsi que je l'ai déjà mentionné, le seul fait de pratiquer l'exercice jusqu'au bout l'a obligé à faire preuve de volonté, qualité indispensable pour gagner normalement sa vie.

À propos, Pachita demandait-elle à ses patients de la payer ?

Non, elle ne demandait pas d'honoraires mais les gens faisaient des donations. Lorsqu'elle opérait, il y avait toujours à proximité un panier avec une grande poche dans lequel les patients déposaient ce qu'ils voulaient. On ne pouvait l'accuser d'être à la tête d'un « business ». Reste que ceux qui en avaient les moyens la payaient bien ; c'était en effet une expérience sans prix que de se faire soigner par cette femme... Elle ne soignait pas pour gagner de l'argent ; elle gagnait de l'argent parce qu'elle guérissait.

Revenons à votre expérience et à ce que cette rencontre vous a apporté du point de vue de la psychomagie...

Bueno, dans *La Tricherie sacrée*, j'ai déjà raconté l'opération que j'ai moi-même subi. Je ne vais donc pas y revenir. En fait, Pachita mériterait qu'on lui consacre un livre.

Sa contribution à la psychomagie est aussi simple qu'essentielle : en l'observant, j'ai découvert que lorsque l'on fait mine d'opérer, le corps humain réagit comme s'il avait subi une véritable intervention. Si je vous annonce que je vais vous ouvrir le ventre pour vous enlever un morceau de foie, que je vous allonge sur une table et reproduis exactement tous les bruits, toutes les odeurs et les manipulations, si vous sentez le couteau se poser sur votre peau, si vous voyez le sang gicler, si vous avez la sensation que mes mains fouillent vos entrailles et en retirent quelque chose, vous voilà « opéré ». Le corps humain accepte directement et naïvement le langage symbolique, à la manière d'un enfant. Pachita le savait et était passée maître en l'art d'utiliser ce vocabulaire de manière, c'est le cas de le dire, opérationnelle.

Donc, pour vous, c'était avant tout une experte en communication symbolique ?

Absolument. Elle était d'ailleurs très attentive aux objets, aux bijoux que l'on portait. Je me souviens d'une femme portant un bracelet ovale à l'intérieur duquel, dans un petit trou également ovale, était incrustée une montre. C'était évidemment un cadeau de sa mère et Pachita a tout de suite vu que cette dame ne réglerait pas ses problèmes tant qu'elle ne se serait pas dégagée de l'emprise de maman. Faut-il le préciser, le trou symbolisait la mère dans le sein de laquelle la fille-montre était demeurée... Pachita a d'instinct décrypté le message symbolique et préconisé tout un rituel pour se défaire de l'objet. Pour elle, rien n'était anodin, le monde était vraiment une forêt de symboles en constante interaction. C'est à son contact que je me suis ouvert au langage des objets, à la signification que revêtent, par exemple, les cadeaux : tout présent a un sens, s'inscrit dans une dynamique de possession et de communication. De même, le fait d'oublier quelque chose chez un ami ou dans un lieu public n'a rien de gratuit... La sorcellerie primitive connaît le mécanisme de ces interactions et en a plus ou moins la maîtrise. Mais il s'agit bien sûr d'une connaissance intuitive et non intellectuelle ou scientifique. Le sorcier ou chaman serait probablement incapable de tenir un discours élaboré sur sa propre pratique ; pour cela, il lui faudrait pouvoir se situer à l'extérieur, se regarder agir et décrypter son fonctionnement. Or, sa force réside précisément dans le fait qu'il entretient avec le monde un rapport tout intérieur.

Il n'est pas le spectateur d'un monde « objectif » inanimé mais partie intégrante d'un univers subjectif dans lequel tout est vivant. Aussi Pachita percevait-elle les maladies comme des êtres animés : la tumeur était une créature maléfique qui méritait d'être brûlée vive et l'on entendait soudain comme des piaillements d'oiseau. Parfois, la sorcière extirpait du corps malade une forme en mouvement que l'on voyait s'agiter dans la pénombre comme une marionnette. Elle concrétisait la maladie qui perdait ainsi son statut d'ennemi invisible — et de ce fait d'autant plus menaçant — pour s'incarner en une figure vaguement grotesque susceptible d'être mise à mort. Du ventre d'un patient homosexuel, je l'ai vue sortir un phallus noir soufflant comme un crapaud...

Voilà qui eût été digne de votre happening... Ce sont des scènes « panique » que vous décrivez là...

C'était du Goya ! Je ne sais comment elle s'y prenait pour nous entraîner dans ce monde baroque... Transe, hallucination collective, prestidigitation géniale ? De toute manière, si tricherie il y avait, c'était une tricherie sacrée. Je veux dire par là que ses actes magiques se révélaient efficaces. Elle soulageait effectivement la plupart de ceux qui venaient la trouver. C'est pourquoi j'ai voulu l'observer et apprendre d'elle...

En vous situant cependant dans une logique quelque peu différente ; contrairement à un Castaneda qui, ayant reçu la transmission de Don Juan, devient lui-même un chaman, vous ne vous prétendez pas sorcier. Vous vous contentez d'assimiler certains principes universels pour les transposer dans une démarche non pas magique mais « psycho-magique »...

Oui, car je ne suis pas issu d'une culture dite « primitive ». À mon avis, on ne peut, sauf exception — je ne me prononce pas sur le cas de Castaneda —, devenir chaman ou sorcier si l'on n'est pas né dans un contexte primitif.

Même avec la meilleure volonté et la plus grande ouverture du monde, on ne se défait pas si facilement de tout son bagage occidental et rationnel.

En tant que Chilien d'origine russe ayant longtemps vécu au Mexique, vous n'êtes certes pas le prototype de l'Occidental adorateur de la Déesse Raison...

C'est vrai, je suis relativement fou, comme vous le savez...

Oh oui... (Soupir.)

Mais ma folie, ma démesure restent enracinées dans une culture malgré tout moderne. Que je le veuille ou non, je suis le produit d'une société matérialiste qui prétend entretenir avec le monde un rapport objectif. Mes audaces les plus extrêmes se situent toujours à l'intérieur de ce contexte dont nous ne pouvons pas sortir. Elles l'élargissent, peut-être, en font ressortir les contradictions et les impasses, mais elles ne l'annulent pas. Pour être sorcier ou chaman, il faut habiter un monde chamanique. En ce qui me concerne, je ne crois pas assez à la magie primitive pour moi-même devenir magicien.

C'est pourquoi, si j'ai voulu apprendre de Pachita, jamais je n'ai envisagé de recevoir son don pour à mon tour devenir guérisseur. Je dirais même que je m'y suis toujours refusé.

Sans doute ne croyez-vous pas assez à la magie pour devenir magicien ; mais vous y croyez tout de même...

Le fait est que si je ne puis en affirmer la véracité, je ne puis davantage en affirmer la fausseté. Mais je me suis très vite rendu compte que pour apprendre de Pachita, il me fallait adopter une position très nette et faire comme si je n'y croyais absolument pas.

Pourquoi ?

Si j'étais parti du principe que tout cela pouvait être vrai, que la magie en tant que telle était peut-être bien une réalité, je me serais très vite retrouvé dans une impasse. Je me serais efforcé de la suivre sur sa piste magique, de devenir moi-même magicien et ce en pure perte ou pour aboutir à des résultats très partiels et médiocres puisque, encore une fois, on ne peut changer de peau et devenir chaman en se disant que tout cela *pourrait être vrai*. Je me suis donc forcé à faire comme si ce ne pouvait être que faux. Par « faux », je ne veux pas dire inexistant — on était bien obligé de constater les guérisons et les phénomènes étranges qui survenaient autour de Pachita — mais ne relevant pas de la magie et susceptible d'être expliqué par un ensemble de lois psycho-physiologiques. Je me trouvais ainsi en mesure de véritablement apprendre de cette femme quelque chose que je pourrais ensuite réutiliser dans mon contexte.

À savoir...
À savoir la manière d'utiliser le langage des objets et le vocabulaire symbolique afin de produire chez l'autre certains effets ; bref, comment s'adresser à l'inconscient directement et dans sa propre langue, en passant soit par des mots, soit par des objets, soit par des actes. Voilà ce que j'ai appris de Pachita.

Pachita était certes exceptionnelle, mais elle s'inscrivait dans une tradition...
Bien sûr, et c'est pourquoi, après l'avoir rencontrée, je me suis avisé de la place de la magie dans toutes les cultures primitives. J'ai alors lu des centaines de livres sur ce sujet pour tenter de dégager des éléments universels dignes d'être utilisés de manière consciente dans ma propre pratique. Je ne vais pas m'étendre là-dessus mais vous donner quelques exemples. On retrouve partout l'idée de la puissance du verbe, la conviction que le désir exprimé sous la forme requise entraîne sa réalisation. Mais souvent, le nom du Dieu ou de l'esprit est encore renforcé par son association à une image. Comme quoi les anciens savaient intuitivement que l'inconscient n'est pas seulement réceptif au langage oral mais également aux formes, aux images,

aux objets. En outre, les Égyptiens accordaient une importance capitale au mot écrit. Il ne s'agissait pas tant de dire que d'écrire. Dans la psychomagie, je demande souvent aux gens de rédiger des lettres, non pas tant pour ce qu'ils vont y signifier que parce que le seul acte d'écrire et d'envoyer la missive possède des vertus thérapeutiques. Une autre pratique universelle est celle de la purification, des ablutions rituelles. À Babylone, lors des cérémonies de guérison, les exorcistes enjoignaient au patient de se déshabiller, de jeter tous ses vieux vêtements, symboliques de l'ancien moi, et d'en revêtir de nouveaux. Les Égyptiens considéraient la purification comme préalable à la récitation des formules magiques, ainsi qu'en témoigne ce texte antique, dont j'ai oublié la provenance exacte mais qui m'a beaucoup inspiré : « Si un homme prononce cette formule à son propre usage, il doit être enduit d'huile et d'onguents, l'encensoir empli d'encens étant dans sa main ; il doit avoir du natrum d'une certaine qualité derrière les oreilles, une qualité différente de natrum étant dans sa bouche ; il doit être vêtu de vêtements neufs, après s'être lavé dans les eaux de la crue, avoir chaussé des sandales blanches, et avoir peint l'image de la déesse Ma'at à l'encre fraîche sur sa langue. » De même, il n'est pas rare que je demande à ceux qui viennent me consulter de prendre des bains, de procéder à certains lavements, car je sais que cet acte en apparence anodin influera grandement sur leur psychologie, les mettra dans des dispositions différentes. Si quelqu'un appréhende d'aller parler avec sa mère, je lui suggère de se rincer sept fois la bouche avant l'entretien et de s'emplir les poches de lavande. Ces détails vont

suffire à lui faire aborder l'entrevue de manière différente.

Les Anciens attribuaient aussi un rôle d'allié à
nombre d'objets symboliques : les textes magiques
étaient récités au-dessus d'un insecte, d'un petit animal
ou encore d'un collier. On utilisait également des
bandes de lin, des figurines en cire, des plumes, des
cheveux... Trouvant dans les textes la trace de ces
pratiques, je me suis livré à une réflexion à propos des
projections que font les gens sur les objets et me suis
demandé comment les utiliser de manière positive. Les
magiciens inscrivaient les noms de leurs ennemis sur
des vases qui étaient ensuite brisés puis enterrés, ces
destructions et disparitions devant entraîner celle des
dits adversaires... Les portraits des « méchants » étaient
peints sous les semelles des sandales royales, si bien que
le roi piétinait chaque jour les envahisseurs potentiels.
Dans la psychomagie, j'ai souvent recours aux mêmes
principes « primitifs » mais à des fins exclusivement
positives. Je conseille aux personnes de « charger » un
objet, d'inscrire un nom... Dans le même ordre d'idée,
les sorciers hittites m'ont fait découvrir les concepts de
substitution, de remplacement et d'identification : le
magicien, en effet, n'anéantit pas le mal ; il s'en empare
en retrouvant ses origines, l'extirpe du corps ou de
l'esprit de la victime pour le renvoyer aux enfers.
D'après un vieux texte, « un objet sera attaché à la main
droite et au pied droit de l'offrant, puis sera retiré et
attaché ensuite sur une souris, tandis que l'officiant
dira : " Je t'ai enlevé le mal et l'ai attaché à cette
souris " ; sur quoi la souris sera libérée ». De même, il
arrivait à Pachita d'enlever le mal pour le glisser vers

une plante, un arbre ou un cactus, ce qui avait pour effet de faire périr la plante sous nos yeux... Il est également possible de remplacer la victime par un agneau, une chèvre : c'est le vieux concept du sacrifice de substitution où l'animal prend la place du malade. On noue le turban de ce dernier sur la tête de la chèvre à qui on tranche la gorge avec un couteau ayant auparavant touché celle de la personne souffrante... Selon la magie juive, les forces du mal peuvent être trompées, bernées, induites en erreur. On va alors déguiser la personne sur laquelle elles s'acharnent, modifier son nom... J'ai moi-même eu l'occasion de vérifier comment la modification du nom, ne serait-ce que dans son orthographe, pouvait s'avérer bénéfique. J'applique aussi ce principe à une carte du tarot : en principe, « la Maison Dieu » renvoie à une catastrophe ; mais pourquoi ne pas y voir « l'Âme et son Dieu », et, de ce fait, la charger positivement ? Tous ces vieux rituels m'ont aussi appris à utiliser l'enfouissement dans la terre lorsqu'il s'agit de faire un deuil.

Ce ne sont là que quelques exemples de principes universels de l'acte magique que je reprends pour les utiliser dans l'acte psychomagique, autrement dit dans une démarche thérapeutique.

V

L'ACTE PSYCHOMAGIQUE

Après l'acte magique, venons-en à l'acte psychomagique...

Dans le contexte magique que l'on trouve autour d'une sorcière telle que Pachita, la foi joue un rôle essentiel.

Vous m'avez pourtant dit précédemment que ce n'était pas une condition sine qua non...

Alors, plutôt que de parler de « foi », utilisons le mot « obéissance ». Je veux tout simplement dire que même si l'on ne croit pas au pouvoir de la sorcière, il convient de rester impartial et de lui donner toutes les chances d'agir. Autrement dit, foi ou pas foi, il faut se montrer assez honnête pour suivre à la lettre les instructions reçues. Si vous consultez un médecin et que, sorti de chez lui, vous ne vous donnez pas la peine d'acheter et de prendre les médicaments prescrits sur l'ordonnance, comment pourrez-vous ensuite vous prononcer sur l'efficacité de son traitement ? Si Pachita préconise un acte quelconque, la personne y croit et l'accomplit sans chercher à comprendre. Elle obéit, voilà tout, quelque mystérieuse que puisse être la pratique suggérée. Ainsi que nous l'avons déjà souligné, tout cela participe d'une culture radicalement différente de la nôtre. Le directeur d'un important mensuel parisien, atteint d'un cancer, m'avait à l'époque demandé si je pouvais le présenter à Pachita. Je l'ai donc amené chez elle, elle l'a opéré et lui a dit : « Tu es guéri, mais attention : n'en parle à personne avant que six mois ne se soient écoulés ! » Il n'a pas obéi. Sitôt revenu en France, il s'est fait examiner par une batterie de médecins dans l'espoir de les voir confirmer le verdict de la sorcière. Ils lui ont dit qu'il n'était pas guéri et il est mort trois mois après. Par contre, l'un de mes amis français, attaché de presse d'une grande société cinématographique, déjà victime de plusieurs infarctus s'est, sur mon insistance, rendu chez Pachita afin qu'elle lui « change le cœur ». L'opération accomplie, la sorcière lui a demandé d'attendre trois mois, ce qu'il a fait. Ce délai écoulé, il s'est soumis à des examens et l'électrocardiogramme a révélé de grandes améliorations. Les années ont passé, il est toujours en vie à l'heure où je vous parle... Je pourrais aussi citer le cas de l'assistante du cinéaste François Reichenbach. Suite à un accident de la circulation, elle semblait condamnée à demeurer paralysée. Pachita l'a opérée et elle s'est remise à marcher. Il y a quelque temps, elle est même venue me remercier de lui avoir fait rencontrer cette sorcière. J'ai profité de l'occasion pour lui demander de témoigner lors d'une conférence que je donnais à la Sorbonne devant un auditoire d'environ cinq cents personnes. Permettez-moi de vous lire une partie de son témoignage tel qu'il fut enregistré puis transcrit :

« [Jodorowsky :] Je vais donc t'interroger. Comment t'appelles-tu ?

— Claudie.

— De quel réalisateur français étais-tu l'assistante ?

— J'étais l'assistante de Reichenbach.

— Tu avais eu un accident ?

— Oui, à Belize, dans le Honduras britannique. J'avais la colonne vertébrale en miettes, des nerfs sectionnés dans le dos et neuf vertèbres cassées. Je suis restée trois mois dans le coma. Lorsque j'en suis sortie, on m'a dit que j'étais paralysée et ne pourrais plus jamais marcher. Reichenbach m'a alors appelée et m'a dit : " Je suis avec Alexandro Jodorowsky, je te le passe. " Pour moi, Jodorowsky était à l'époque quelqu'un qui avait fait un film complètement fou. Il me demande : " Qu'est-ce que tu as ? " et je lui réponds : " Je suis paralysée. — Ce n'est pas grave, me dit-il, il faut que tu ailles au Mexique voir la sorcière Pachita. "

Je suis donc allée me faire opérer tout en n'y croyant pas. Je ne croyais pas à son couteau, je ne croyais à rien du tout. Elle m'a fait un mal de chien. Cela faisait très très mal. Elle m'a ouvert du cou au coccys. Je lui avais donné cent balles de l'époque pour qu'elle achète des vertèbres.

[Quelqu'un dans la salle :] Quoi ?

[Jodorowsky :] Oui, il faut savoir qu'elle achetait des vertèbres à l'hôpital ou à la morgue, je ne sais pas... Parfois, elle s'amenait avec un cœur dans un flacon...

[Claudie :] Voilà, c'était ça ! Mais je dois vous dire une chose, j'étais sûre qu'un jour j'allais me lever et marcher. Je ne croyais pas en Pachita, je prenais Alexandro pour un fou mais, au moins, j'étais sûre de remarcher, et c'est arrivé par elle. Avant tout, je croyais en moi.

[Jodorowsky :] Raconte ton opération !

[Claudie :] Bon, alors elle m'a ouvert avec un couteau toute la colonne vertébrale. Je l'ai très bien senti. Après, j'ai senti qu'elle tapait comme avec un marteau. Puis elle m'a retournée... Ah non, elle a d'abord mis de l'alcool à 90°. Il y avait une immonde odeur de sang chaud. L'alcool me brûlait terriblement. Je l'ai mordue ! Ça, je l'ai mordue ! Il y a un bras qui est passé et je ne l'ai pas loupée. À ce moment-là, j'ai failli tomber dans les pommes. Ce n'était pas vraiment à cause de la douleur, mais l'odeur du sang, ça, je ne supportais pas. Elle m'a retournée sur le ventre. Je me suis dit : " Mais qu'est-ce qu'elle fait ? " et je n'ai plus vu de mains. Il n'y en avait plus. Elles étaient à l'intérieur de mon ventre et je ne sentais rien.

[Jodorowsky :] C'est ce qu'elle a vu...

[Claudie :] C'est ce que j'ai vu.

[Jodorowsky :] Voilà ! Parfois, c'est comme le transfert, mes amis. Je ne sais pas si vous avez vu une émission sur l'aïkido : le maître arrive et, avec le ki, il est comme invincible. Il ne l'est pas parce que devant une autre personne qui n'est pas son élève, il ne peut rien faire. Il faut un transfert. C'est-à-dire que nous transférons à certains archétypes des forces que nous portons en nous et, parce que nous opérons ce transfert, nous faisons de cette personne un maître, un gourou, quelqu'un qui a une force immense. Il est invincible. C'est notre transfert. Il est complètement utile et nécessaire, mais c'est un transfert. Avec Pachita, ce qui est curieux, c'est que toute personne qui venait la voir faisait un tel transfert.

Intéressant... Claudie n'y croyait pas, mais elle s'est laissé faire contrairement au directeur de journal qui n'en a fait qu'à sa tête...

Oui. Pour que cela marche, il fallait avant tout se prêter au jeu sans chercher à comprendre. Pour ma part, cependant je me suis efforcé de saisir certains des mécanismes à l'œuvre dans le processus de guérison afin de pouvoir ensuite les réutiliser. Je me souviens par exemple d'un ami qui se sentait extrêmement faible. Pachita lui a dit de ne plus prendre de vitamines. Elle lui a ordonné de se rendre dans une boucherie, d'y voler un morceau de viande et de le manger. Il devait procéder à ce rituel une fois par semaine. Bien entendu, il a récupéré toute son énergie, et ce, à mon avis, pour une raison bien simple : commettre un vol hebdomadaire était pour ce pauvre homme timide un acte d'une audace inouïe. Il lui a fallu mobiliser toute son énergie. Il s'est découvert plus fort et déterminé qu'il ne le croyait et sa vie a changé dès l'instant où il a eu une autre perception de lui-même. C'est au moins ainsi que je l'explique.

Entre saisir certains des subtils mécanismes psychologiques à l'œuvre dans la sorcellerie pratiquée par Pachita et soi-même préconiser des actes, il y a un grand pas. Comment l'avez-vous franchi ? Comment êtes-vous passé d'une réflexion sur l'acte magique à la pratique de la psychomagie !

Comme vous le savez, j'ai beaucoup étudié les tarots et je jouis d'une certaine réputation en tant que tarologue. Auteur de bandes dessinées, metteur en scène de théâtre et cinéaste, jamais je n'ai cherché à gagner ma vie par les cartes ; cependant, j'ai voulu, à une époque, pousser plus loin mon étude du tarot. Pour cela, il me fallait communiquer avec les autres, pratiquer la lecture. Je me suis donc rendu dans une librairie de la rue des Lombards baptisée *Arcane 22* et spécialisée dans le tarot. Comme les propriétaires me respectaient, je leur ai proposé de m'aménager une petite pièce dans l'arrière-boutique et me suis engagé à y recevoir deux personnes par jour pendant six mois pour leur tirer les cartes en professionnel. Ils ont affiché une petite annonce et les clients sont venus. Je ne vais pas ici m'étendre sur ma conception du tarot. Qu'il me suffise de dire que je ne lis pas l'avenir mais me contente du présent et axe la lecture sur la connaissance de soi, partant du principe qu'il est inutile de connaître le futur si l'on ignore qui on est ici et maintenant. Bref, j'ai donc donné ces consultations qui ont suscité en moi certaines réflexions. Plus j'avançais, plus je constatais que tous les problèmes aboutissaient à l'arbre généalogique.

Qu'entendez-vous par là ?
Entrer dans les difficultés d'une personne, c'est entrer dans sa famille, pénétrer l'atmosphère psychologique de son milieu familial. Nous sommes tous marqués, pour ne pas dire contaminés, par l'univers psychomental des nôtres. C'est ainsi que nombre de gens plaquent sur leur être une personnalité qui n'est pas la leur mais qu'ils ont empruntée à un ou plusieurs membres de leur environnement affectif. Naître dans une famille, c'est, pour ainsi dire, être possédé.
Cette possession se transmet en général de génération en génération : l'ensorcelé devient ensorceleur en projetant sur ses enfants ce qu'on a projeté sur lui... à moins qu'une prise de conscience ne vienne briser ce cercle vicieux. Au terme d'une consultation de deux

heures, nombre de gens s'exclamaient : « Je n'en ai pas appris autant en deux ans d'analyse ! » J'étais donc content de moi, persuadé que la seule prise de conscience suffisait à éradiquer les problèmes. Or, ce n'était pas vrai. Pour se défaire d'une difficulté, il ne suffit pas de clairement l'identifier. Une prise de conscience qui n'est pas suivie d'un acte ne sert à rien. De cela, je me suis aperçu peu à peu et en ai conclu qu'il me faudrait conseiller les gens. Et cependant, je m'y refusais. De quel droit allais-je faire intrusion dans la vie des gens, exercer une influence sur leur comportement ? Je ne voulais pas devenir moi-même ensorceleur ! C'était une position difficile car les personnes qui venaient me consulter ne demandaient que cela : il aurait fallu que je devienne leur père, leur mère, leur mari, leur épouse... Mais je n'étais pas disposé à devenir un directeur de conscience, à m'immiscer dans l'existence des uns et des autres. Une chose s'est alors imposée à moi : pour que les prises de conscience ne demeurent pas inopérantes, il me fallait faire agir l'autre, l'amener à commettre un acte bien précis sans pour autant le prendre en charge ou assumer un rôle de guide quant à l'ensemble de sa vie. C'est ainsi qu'est né l'acte psychomagique dans lequel j'ai rassemblé toutes les influences assimilées au cours des années et dont nous avons parlé au fil de nos entretiens.

Comment procédiez-vous ?

D'abord, je passais la personne au crible, exigeais qu'elle me dise absolument tout. Au lieu de chercher à deviner ce qu'elle pouvait bien cacher au moyen du tarot, je la soumettais tout simplement à un interrogatoire. Je questionnais mon client sur sa naissance, ses parents, ses grands-parents, ses frères, ses sœurs, sa vie sexuelle, son rapport à l'argent, sa vie émotionnelle, sa vie intellectuelle, sa santé...

Bref, une véritable confession...

Absolument, et je suis très vite devenu le détenteur de redoutables secrets ! Vols, viols, incestes... Un homme m'a avoué qu'enfant, à la fin de l'année scolaire, il avait attendu professeur honni pour lui jeter du haut d'un mur une grosse pierre sur la tête. Peut-être le prof a-t-il succombé sans que le garçon soit jamais revenu le constater... Un jour, je reçois un Belge père de famille dont je devine tout de suite qu'il est homosexuel : « Oui, avoue-t-il, et je couche avec dix personnes par jour dans les saunas, chaque fois que je monte à Paris. Et savez-vous quel est mon problème ? Je voudrais parvenir à coucher avec quatorze, comme mon ami... » Les cadavres ont commencé à surgir des placards, j'ai recueilli les confidences les plus noires, les plus extravagantes. L'inceste a déferlé : une femme m'a avoué que le père de sa fille n'était autre que son propre père à elle ; un garçon séduit par sa mère m'a tout raconté... Sadomasochisme, fixations homosexuelles, obsessions du plaisir solitaire... Tout y est passé ! Les gens se livraient parce qu'ils se sentaient en confiance et me jugeaient capable de leur proposer une thérapeutique adaptée à leur héritage social et culturel.

Pourquoi teniez-vous à recevoir une confession si détaillée ?

Parce que, avant d'entreprendre quoi que ce soit, il

est capital de bien connaître le terrain. Ce principe, je l'ai appris de l'auteur du *Traité des Cinq Roues*, Mijamoto Musachi. Avant le combat, dit-il, il faut se rendre très tôt sur le terrain et en acquérir une parfaite connaissance. Certains médecins appliquent également cette méthode. Une familiarisation avec le terrain psycho-affectif de la personne m'est apparue comme le préalable à toute ordonnance d'un acte psychomagique.

Que devenait le tarot dans tout cela ? Si une personne se confesse, vous n'avez plus ensuite besoin de deviner quoi que ce soit...

Les gens ne se livrent souvent qu'à des demi-confessions. Ils gardent le meilleur, si j'ose dire, pour plus tard... Le tarot m'aidait à percer à jour certains secrets de prime abord inavouables... Disposant ainsi de tous les éléments, j'étais en mesure de préconiser un acte à la fois irrationnel et rationnel : irrationnel dans son apparence mais rationnel en ceci que la personne savait pourquoi elle devait s'y livrer. D'autre part, tout acte psychomagique a des effets pervers, c'est-à-dire incontrôlés, qui en font précisément la richesse...

Expliquez-vous...

Je vais vous donner un exemple : j'ai un jour reçu la visite d'une femme suisse dont le père était mort au Pérou alors qu'elle était âgée de huit ans. Sa mère avait fait disparaître toute trace de cet homme, avait brûlé ses photos et ses lettres, si bien que ma consultante était émotionnellement demeurée une enfant de huit ans. La quarantaine passée, elle parlait comme une petite fille et avait de gros problèmes... Je lui ai prescrit un acte : elle devait se rendre au Pérou sur les lieux où avait vécu son père et en ramener quelque chose, un souvenir, une trace palpable de son existence. De retour en Europe, elle devait placer ce ou ces souvenirs dans sa chambre, allumer une bougie puis aller chez sa mère et lui flanquer une gifle. Précisons que sa mère l'avait toujours maltraitée et abreuvée d'insultes. Comme vous le voyez, l'accomplissement de l'acte exigeait un réel engagement. Elle s'est rendue au Pérou, y a découvert la pension où avait vécu son père et, par l'une de ces synchronicités qui révèlent de ce que j'appelle « effets pervers », y a trouvé des lettres et des photos. Le père les avait confiées à la propriétaire dans l'espoir que sa fille viendrait un jour en prendre possession. Plusieurs décennies après, ma patiente a retrouvé ces souvenirs grâce auxquels l'auteur de ses jours est pour ainsi dire ressucité. Lisant ces lettres et regardant ces photographies, elle a cessé de ne voir en son père qu'une sorte de fantôme pour enfin sentir qu'il avait été un être de chair et de sang... De retour chez elle, elle a placé les lettres et les photos dans sa chambre, a allumé une bougie et est allée voir sa mère avec l'intention de lui flanquer une grande gifle. Mère et fille avaient ordinairement des rapports très difficiles. Or, ma patiente a eu la surprise de constater que sa mère — à qui elle avait annoncé sa visite — l'attendait et, pour la première fois, lui avait préparé à manger. Stupéfaite de la voir si aimable, elle se trouvait très embarrassée à l'idée de devoir lui donner une gifle puisque, pour une fois, sa mère ne lui en fournissait pas l'occasion. Mais l'acte psychomagique suppose un contrat ferme qu'elle se savait tenue de respecter. Au moment du dessert, elle l'a donc giflée par surprise et sans raison apparente, appréhendant déjà une réaction furieuse car elle s'était toujours sentie terrorisée par sa mère... Or, cette dernière s'est contentée de lui demander : « Mais pourquoi as-tu fait cela ? » Devant tant d'ouverture, la fille a enfin trouvé les mots et a pu lui exprimer tous les griefs qu'elle nourrissait envers elle. Savez-vous ce qu'en a conclu la mère ? « Tu m'as donné une gifle, a-t-elle dit ; eh bien tu aurais dû m'en donner une autre ! » Si bien qu'une amitié est enfin née entre les deux femmes.

Voilà qui paraît presque miraculeux...

Je peux vous donner le nom et l'adresse de la personne si vous souhaitez procéder à une vérification... J'ai raconté cette histoire pour montrer que l'acte suit sa propre logique. On ne saurait prévoir la manière dont il va se dérouler ni quels vont en être les effets. Mais s'il est prescrit sur la base d'une bonne connaissance du terrain, ses effets, quels qu'ils soient, ne peuvent qu'être positifs.

Vous êtes donc passé de la lecture du tarot à la prescription d'actes psychomagiques...

J'ai tout de suite dû faire face à une grosse demande. En effet, entre les personnes venues me consulter en tant que tarologue, celles qui avaient suivi avec moi des stages de massage et l'auditoire de mes conférences hebdomadaires — le « Cabaret mystique » —, il y avait foule. J'ai donc adopté trois formules de travail : en individuel, en groupe de trente à quarante, et dans le cadre du « Cabaret », où nous sommes quatre cents voire cinq cents. La procédure essentielle, cependant, ne varie pas : quelqu'un m'expose une difficulté et je lui préconise un acte. Mais c'est en entretien privé que la majorité des actes ont tout de même été prescrits.

En préconisant un acte, vous passez un contrat avec la personne...

Oui, et cet accord mutuel est de la plus haute importance. Tout d'abord, la personne s'engage à accomplir l'acte de la manière exacte dont je le lui ai prescrit, sans en changer un iota. Dans le prolongement de cette exigence, pour éviter des déformations dues aux trahisons de la mémoire, la personne doit tout de suite prendre note de l'acte et de la procédure à suivre. Une fois l'acte accompli, elle doit m'envoyer une lettre dans laquelle, premièrement, elle transcrit les instructions reçues de moi, deuxièmement me raconte dans le détail la façon dont elle les a appliquées, les circonstances et les aventures survenues au cours du processus, troisièmement me décrit les résultats obtenus. L'envoi de cette lettre constitue mes seuls honoraires pour la prescription de l'acte.

Vous ne recevez donc pas d'argent en tant que psychomagicien ?

J'ai toujours tenu à ce que les actes soient dispensés gratuitement, du moins du point de vue strictement financier, l'écriture et l'envoi de la lettre étant bel et bien une forme de rétribution. En prenant la peine de m'écrire longuement, la personne paye un prix tandis que, de mon côté, je reçois.

Comment vos « clients » réagissent-ils face à ces exigences particulières ?

Il y a bien sûr autant de réactions que de clients mais il est possible de dégager certains types d'attitudes. Il est des gens qui mettent un an à m'envoyer leur lettre ; d'autres qui discutent, ne veulent pas faire exactement ce que je leur dis et marchandent... ils trouvent toutes sortes d'excuses pour ne pas suivre les instructions à la lettre. Or, dès lors que l'on change quoi que ce soit, les conditions nécessaires à la réussite de l'acte ne sont plus respectées et les effets peuvent même s'avérer négatifs. Il faut dire que parler ainsi directement à l'inconscient équivaut en quelque sorte à exercer sur lui une pression : on cherche à le faire obéir. Or, nous n'avons que les problèmes que nous voulons bien avoir. Nous sommes attachés à nos difficultés. Rien d'étonnant donc à ce que certains tergiversent et s'arrangent pour saboter l'acte ; ils ne veulent pas vraiment guérir. Sortir de ses difficultés implique que l'on modifie en profondeur notre relation avec nous-même et avec tout notre passé. Dans ces conditions, qui est vraiment prêt à changer ? Les gens veulent bien cesser de souffrir mais ne sont pas prêts à payer le prix, c'est-à-dire à muter, à ne plus se définir autour de leurs chères souffrances. En tant que conseiller, moins j'accepte les marchandages, plus je rends service aux autres. C'est à eux de se situer, d'accepter ou de refuser mes conditions.

Que votre oui soit oui, que votre non soit non...
Exactement !

On sait que le psychothérapeute s'autorise de lui-même à prendre des patients. Qu'en est-il du psychomagicien ? Comment pouvez-vous vous autoriser à prescrire ainsi des actes s'adressant directement à l'inconscient ?

Je vais vous donner une réponse irrationnelle : dans le moment où je prescris l'acte, si je ne doute pas, je suis juste…

Que vous sentiez juste, je n'en doute pas, mais de quel droit pouvez-vous vous fier à ce sentiment ? L'enjeu est tout de même de taille…

À cet égard, il n'y a en fait qu'une seule et unique question à se poser : *qui* prescrit l'acte ? J'ai travaillé à me désidentifier de moi-même si bien que lorsque je dispense un conseil psychomagique, ce n'est pas à moi qui parle mais mon inconscient.

Tout le monde en est là ! Les uns et les autres réagissent, semblables à des marionnettes menées par des pulsions inconscientes…

Certes, mais chez l'homme mené par ses automatismes, il n'y a nullement désidentification. Je ne prétends pas être parvenu à la sagesse, car je ne suis pas désidentifié vingt-quatre heures sur vingt-quatre ; mais lorsque je prescris un acte, dès que je joue mon rôle de psychomagicien et me trouve en transe ou en auto-hypnose — appelez cela comme vous voudrez — ce n'est plus mon petit moi qui parle. Je sens monter des profondeurs ce qu'il convient de dire. J'estime avoir assez travaillé sur moi-même pour être capable de cette désidentification ponctuelle. Bien entendu, nous en arrivons là à un domaine subtil et subjectif, qui ne relève plus du raisonnement mais de la foi. Un saint sait qu'il fait le bien ; au plus profond de lui-même, il se sait authentique et animé par une force positive — même si certains le critiquent et voient en lui un être malfaisant. Chaque fois que je dispense un conseil psychomagique, je suis convaincu qu'il s'agit de la réponse appropriée au problème de la personne. Ce n'est que dans un deuxième temps que je vais l'exposer et l'expliquer de manière rationnelle. Le conseil surgit d'un seul trait de mon inconscient en prise directe avec l'inconscient de celui ou celle qui me sollicite.

Cette aptitude à parler de la profondeur n'est pas donnée à tout le monde...

Dans mon cas, c'est le fruit du travail de toute une vie ! J'ai passé une bonne part de mon existence à méditer et à étudier les enseignements traditionnels pour peu à peu retrouver en moi un espace impersonnel. Ne parlons pas de sainteté mais plutôt d'impersonnalité, d'un état situé au-delà ou en deçà du petit moi. Ce n'est donc pas Alexandro mais la non-personne en moi qui prescrit l'acte approprié. Je me sens alors animé d'un sentiment totalement positif et désintéressé : en tant que « psychomagicien », je ne cherche qu'à faire le bien. À mes patients, je ne demande pas leur argent mais leurs efforts. Leur volonté de changer constitue ma rétribution, c'est pourquoi la psychomagie n'est pas devenue une industrie. Croyez-moi, ce m'eût pourtant été facile de vivre largement de mes consultations, tant la demande est forte. Les gens sont davantage prêts à débourser, à sortir leur porte-monnaie, qu'à donner un peu d'eux-mêmes. Dans la mesure où il m'est possible de faire vivre les miens par le cinéma et la bande dessinée, je préfère, pour mes services de psychomagicien, me faire rétribuer autrement qu'en francs ou en dollars.

Cette activité n'est-elle pas gratifiante ? Au moins vous fait-elle vous sentir reconnu...
Je n'utilise pas la psychomagie pour me faire reconnaître !

Dans ce cas, pourquoi avez-vous souhaité la parution d'un livre consacré à cette discipline ?
Ma motivation est à cet égard tout autre : quoique j'écrive des romans et des scénarios de film ou de bande dessinée, je ne sens pas que je doive moi-même rédiger un traité de psychomagie ; par contre, il serait dommage que cette approche bien particulière disparaisse après ma mort, qu'il n'en subsiste aucune trace. En outre, il me semble que les temps sont mûrs pour mettre les choses noir sur blanc et donner à cette démarche une diffusion un peu plus large. De plus en plus de gens parlent de Pachita, écrivent avec plus ou moins de talent et de profondeur des livres ou des articles relatifs à ce dont je me suis inspiré, aux énergies avec lesquelles je me suis trouvé directement en contact. Aussi ai-je éprouvé le besoin de faire le point, de raconter comment j'en étais arrivé à la psychomagie en passant par l'acte poétique, l'acte théâtral, l'acte onirique et l'acte magique — cela en premier lieu afin de témoigner d'une certaine approche de la réalité dont découle la pratique psychomagique, et en second lieu

dans le but de donner aux personnes concernées quelques repères, un texte auquel elles puissent se référer. Après tout, c'est vous qui êtes venu me trouver pour *La Tricherie sacrée*! Je n'avais rien demandé...

J'en conviens.
Je me suis donc dit que vous pourriez en tant qu'écrivain et ami donner une forme à cette connaissance dont je ne suis que le serviteur. J'insiste donc sur cette dimension de service. Oh! je sais, il m'arrive d'être insupportable : je suis un clown mystique, un surréaliste de la spiritualité, un provocateur panique... mais j'ai véritablement, sincèrement travaillé sur moi-même. Si l'on peut me trouver l'éxubérance d'un charlatan, je n'en suis pas moins un homme honnête, un créateur touché par la souffrance des êtres et qui a voulu toute sa vie servir la beauté qui rend libre. La psychomagie fait partie de ce que j'ai en moi de meilleur. Cela, j'aspire en toute humilité à le partager pour mon bien et le bien de tous. Si ce livre m'amène une certaine reconnaissance, fort bien, mais ce n'est pas mon affaire. C'est véritablement dans un esprit de service que je conçois ce livre avec vous.

Bref, la psychomagie demeure d'un bout à l'autre une approche spirituelle...
Exactement. Je me concentre sur l'action — le fait même de donner, de soulager la souffrance en prescrivant un acte — sans me préoccuper des fruits que je pourrais personnellement en récolter. C'est pourquoi la psychomagie ne saurait être reléguée à une quelconque

approche médicale ou paramédicale. Elle repose avant tout sur le détachement de celui qui la pratique.

Vous sera-t-il toujours possible de demeurer détaché ? Nombre de thérapeutes se laissent prendre au piège : dès l'instant où il vivent de leur pratique, la nécessité matérielle les pousse à prendre de plus en plus de patients sans toujours faire preuve de discernement...

Même si la demande me pousse à faire de la psychomagie une pratique professionnelle, jamais je ne me trouverai dans une situation de dépendance financière vis-à-vis d'elle, pour la bonne et simple raison que la bande dessinée et le cinéma me suffisent pour bien vivre. Or, je n'ai certes pas l'intention d'abandonner la création artistique ! Du point de vue matériel, le détachement consiste à exercer tout en sachant que l'on peut arrêter du jour au lendemain sans pour autant se retrouver sans ressources.

Pourriez-vous préciser ce que vous entendez par « détachement », non seulement du point de vue matériel mais eu égard à la pratique de la psychomagie dans ce contexte ?

Pour être en mesure d'aider une personne, il ne faut rien attendre d'elle et pouvoir pénétrer dans tous les aspects de son intimité sans en être troublé ou déstabilisé. Je vais vous donner un exemple : une participante d'un de mes cours de massage ne supportait pas que quiconque lui touche la poitrine. Dès qu'un homme avec lequelle elle désirait pourtant avoir une relation sexuelle faisait mine de lui effleurer les seins, elle poussait des hurlements. Cette situation la faisait beaucoup souffrir et elle aspirait profondément à se débarrasser de cette panique insensée. Je lui ai proposé de se découvrir la poitrine, ce qu'elle a fait, révélant de beaux seins, qui n'avaient rien de monstrueux ou d'inhabituel. Puis je lui ai demandé : « As-tu confiance en moi ?

— Oui, m'a-t-elle répondu.

— Je voudrais te toucher d'une manière particulière, qui ne ressemble ni aux attouchements d'un homme désireux de jouir de ton corps, ni à ceux d'un médecin t'examinant froidement. Je voudrais te toucher avec mon esprit. Crois-tu que je puisse te toucher, établir avec toi un contact intime qui n'aît rien de sexuel ?

— Peut-être... »

J'ai alors mis mes mains à trois mètres de ses seins et lui ai parlé doucement :

« Regarde mes mains. Je vais m'approcher lentement, millimètre par millimètre. Dès que tu te sens agressée ou dérangée, dis-moi d'arrêter et je n'avancerai plus. »

J'ai donc rapproché mes mais avec une extrême lenteur. Je me trouvais à dix centimètres de ses seins lorsqu'elle m'a demandé de stopper. J'ai donc obéi, puis, après un long moment passé ainsi tout près de la zone douloureuse, doucement, tout doucement, je me suis de nouveau rapproché, très à l'écoute de ce qui se passait en elle. Rassurée par la qualité d'attention particulière que je lui portais, sentant que j'opérais tout en délicatesse, elle n'a pas émis la moindre protestation. Enfin, mes mains se sont posées sur ses seins, sans qu'elle ressente rien de douloureux, à son grand étonnement.

Pourquoi ai-je tenu à vous raconter cette histoire ? Parce qu'elle donne un exemple frappant de ce détachement à mon sens indispensable à quiconque souhaite vraiment venir en aide aux autres. J'ai pu toucher, palper les seins de cette femme en me situant ailleurs que dans mon personnage sexuel, sans penser une seconde à en retirer du plaisir. En fait, c'est avec mon esprit que je l'ai touchée. À ce moment-là, je n'étais plus un homme mais une entité. Il faut être capable de toucher le corps de l'autre, d'entrer en contact avec son esprit, sans que cette proximité réveille en soi des problèmes non encore résolus. Je t'ai cité le cas de cette jolie femme ; mais sans doute devrais-je préciser que j'ai ainsi touché toutes sortes de gens, vieux, jeunes, beaux, laids, parfois difformes ou malades... L'important est de se situer en un état intérieur excluant toute tentation de profiter de l'autre, d'abuser du pouvoir que l'on a sur lui... Car en fin de compte, qu'il s'agisse du tarot, des massages, de la psychomagie, tout cela ne tient et ne prend son sens que par une unique force : cette énergie désintéressée qui pousse parfois un être humain à venir en aide à un autre être humain. Il s'agit là d'une énergie très pure, très simple et très subtile. Dès l'instant où la volonté personnelle, le désir ou les peurs interfèrent, la relation d'aide perd sa justification et devient une mascarade. Je ne dis pas que ces manifestations de l'ego ne puissent surgir chez moi lorsque je pratique ; mais si je les reconnais immédiatement pour ce qu'elles sont et les laisse passer, comme on laisse passer les pensées dans la méditation zen, elles s'évanouissent aussitôt et n'influent en rien sur ma relation avec la personne qui m'a donné l'opportunité de l'aider. Je suis très conscient de la nécessité d'une purification intérieure, de ces ablutions rituelles préconisées par bien des traditions et qui ne concernent pas seulement la toilette du corps mais avant tout celle du cœur et de l'esprit. D'un autre côté, à quoi bon me mettre martel en tête si je suis pas encore assez purifié, assez transparent ? Me revient une histoire zen : au cours d'une promenade dans un paysage enneigé, le disciple demande au maître : « Maître, les toits sont blancs ; quand perdront-ils cette couleur ? » Le maître ne répond pas tout de suite. Il se concentre dans son hara puis finit par dire d'une voix rude : « Quand les toits sont blancs, ils sont blancs ; quand ils ne sont pas blancs, ils ne sont pas blancs ! » Voilà une réponse géniale ! L'essentiel est de s'accepter soi-même. Si j'éprouve un malaise vis-à-vis de ma condition présente, c'est que je la refuse. Je cherche alors plus ou moins consciemment à être autre que ce que je suis — en définitive, je ne suis pas moi-même. Si, au contraire, j'accepte totalement mon état du moment, je suis en paix. Je ne gémis pas sous prétexte que je devrais être plus saint, plus beau, plus pur que je ne le suis ici et maintenant. Quand je suis blanc, je suis blanc, quand je suis obscur, je suis obscur, voilà tout. Cela ne m'empêche pas de travailler sur moi, de chercher à devenir un meilleur instrument ; cette acceptation de soi-même n'étouffe pas l'aspiration, elle l'enracine. Ce n'est en effet qu'à partir de ce que je suis vraiment que je puis avancer.

Ce que vous dites là nous amène à évoquer les possibles risques de dérapage : si je vous suis bien, en effet, seule une personne ayant déjà beaucoup travaillé sur elle-même peut dispenser des conseils psychomagiques. J'irais même jusqu'à dire que cette approche est tout à fait vôtre. Fruit de votre cheminement bien particulier, elle me paraît difficilement applicable par d'autres. Peut-être certains pourront-ils s'en inspirer avec profit ; mais nul ne saurait la reprendre telle quelle. Or, nous savons bien que vous avez fait des émules. Vos soirées du Cabaret mystique attirent tout un éventail de gens dont certains, se croyant bien plus avancés qu'ils ne le sont en réalité, ont tôt fait de récupérer vos propos et enseignements à leur compte...

Hélas, ce que vous dites est vrai. je ne citerai qu'un exemple de ce genre d'attitude : après m'avoir un peu écouté parler de la psychomagie, un type s'est tout de suite autorisé à pratiquer. Il a organisé un stage et, avec beaucoup d'aplomb, a prescrit aux femmes présentes le même acte : chacune devait acheter une grande paire de ciseaux et l'envoyer en cadeau à sa mère ! Voilà qui est catastrophique ! En effet, il y a autant de conseils que de personnes et on ne saurait prescrire ainsi des actes « en gros ». Le supermarché psychomagique est une aberration. Chaque acte est prescrit « sur mesure », sur la base d'une profonde écoute et, ainsi que je vous l'ai expliqué, d'un contact spontané avec son propre inconscient que seul rend possible une certaine désidentification — laquelle est le fruit d'un long travail spirituel. Prescrire ainsi le même acte à tout un groupe, sans réelle écoute et sans véritable amour, me paraît criminel. On imagine la réaction des mères recevant des ciseaux par la poste... Cela n'a pu qu'avoir un effet négatif. Lorsque je prescris un acte en apparence agressif, je ne le fais qu'en ayant la certitude que les conséquences en seront positives. Il s'agit toujours d'un acte essentiellement créateur. Cet homme, par contre, a exercé une influence destructrice.

Le même individu avait demandé à ses victimes de s'identifier à une poupée, de déverser sur elle toutes leurs douleurs, toute leur négativité, puis de la déposer chez lui dans un grand sac. J'ai vu ensuite venir à moi une femme affolée, en proie à une psychose, persuadée que l'homme détenait à présent un pouvoir sur elle... En outre, il ne pouvait même pas lui restituer la poupée pour la rassurer, car une fois les personnes parties, il avait tout jeté à la poubelle... Bref, c'est un commerçant qui s'est fait de l'argent en exploitant mon travail et la crédulité d'un groupe de femmes. Je profite donc de notre dialogue pour dénoncer publiquement tous ceux qui se réclameraient ainsi de moi pour pratiquer la psychomagie.

C'est un sérieux écueil. Comment éviter ce genre de dérapages ?

La solution serait peut-être de former quelques personnes en qui j'aurais vraiment confiance, que je connaîtrais depuis longtemps... Peut-être le ferai-je. J'ai bien formé des personnes au massage, au tarot et même à la psychogénéalogie, parmi lesquelles des psychologues et des psychanalystes... Mais il me paraît plus délicat de former des psychomagiciens. Pour exercer cette discipline, il faut vraiment avoir effectué un profond travail spirituel, s'être détaché de ses passions, du moins ne plus en être le jouet... Encore une fois, c'est là le travail de toute une vie.

VI

QUELQUES ACTES PSYCHOMAGIQUES

Ne croyez-vous pas qu'il serait utile de consacrer le dernier volet de notre dialogue à la description de quelques actes psychomagiques?

Je veux bien, mais un avertissement s'impose : décrire un acte psychomagique, c'est entrer directement dans le langage de l'inconscient. Il ne s'agit pas là d'une démarche anodine. Il se peut que vous en soyez choqué, sans parler des lecteurs de notre entretien...

Bon, je m'agrippe à mon fauteuil pour ne pas être terrassé par la puissance de ces descriptions...

Oh, vous avez le droit de rire, mais je vous aurais prévenu ! Non que, par ces actes, je tente de solutionner des énigmes extraordinaires ; je me contente de prendre à bras-le-corps de simples petits problèmes humains. Mais quoi de plus mystérieux, de plus irrationnel, finalement, que les petits problèmes des uns et des autres ? Nos difficultés quotidiennes recouvrent des abîmes, elles ne sont que la pointe d'un énorme iceberg...

D'accord. Exemples...

Bien. Prenons le cas d'une danseuse de mes amies.
Elle a eu une fille avec un homme qui porte le même
prénom que celui de son père. Voilà qui est déjà très
signifiant. Or, il se trouve que cette danseuse a le même
prénom que la mère de son amant !

Si, après cela, ils osent prétendre n'avoir pas respecti-
vement cherché leur père et leur mère l'un dans
l'autre...

Hein, c'est tout de même fort ! En fait, on tombe
souvent amoureux d'un nom, voire d'un métier rappe-
lant celui du père ou de la mère... Dans son enfance,
cette danseuse s'est assez tôt retrouvée seule avec sa
mère, sans plus avoir de relations avec son père. Non
seulement il lui a fallu, plus tard, trouver un homme
portant le prénom de son père, mais elle s'est aussi
arrangée pour qu'il l'abandonne et disparaisse, de sorte
qu'elle puisse réserver à sa fille une enfance semblable à
la sienne. Bien sûr, elle n'a pas manigancé tout cela
consciemment, il s'agit d'une stratégie inconsciente et
cependant tellement grossière ! Commençant à prendre
la mesure des dégâts, elle est venue me demander de lui
prescrire un acte qui lui permettrait de pardonner à son
père, et de vaincre ainsi sa haine à l'égard des hommes.
Je l'ai priée de me dire à quel moment son père avait
coupé les ponts avec elle. « Au moment où j'ai eu mes
premières régles », a t-elle répondu. Il est fréquent
qu'un père se coupe de sa fille lorsque celle-ci devient
femme. Il lui semble alors perdre la petite fille qu'il
pouvait tenir sur ses genoux et il vit très mal de devoir
renoncer à une certaine forme d'intimité, de contact. Je

lui ai ensuite demandé où son père était enterré puis lui ai suggéré de se rendre sur sa tombe. « Là, lui ai-je dit, tu enterreras au plus près du cadavre un coton imbibé de ton sang menstruel ainsi qu'un pot de miel. »

Sang et miel...
Le miel est là pour insuffler de la douceur, signifier qu'il ne s'agit pas là d'un acte agressif mais plutôt d'une approche amoureuse, d'une tentative de communication. Voilà un exemple d'acte psychomagique fort simple permettant de réactiver une relation brutalement coupée et du même coup de poursuivre une évolution émotionnelle interrompue suite à un choc. Quoique adulte, cette femme en était restée au stade de la jeune fille confrontée à ses premières règles et au divorce d'avec son père.

Autre exemple...
Une nommée Chantal s'est trouvée placée à l'âge de quatre ans dans une école dirigée par la sœur de la mère de sa mère...

Autrement dit sa grand-tante...
Voilà, laquelle grand-tante a sadiquement tyrannisé l'enfant. En travaillant avec moi, Chantal a découvert toute la haine qu'elle vouait à cette femme. Ne pouvant lui pardonner, elle ne pouvait davantage se venger puisque sa tortionnaire n'était plus de ce monde. Je lui ai donc conseillé de se rendre sur le tombeau de cette femme et, une fois là-bas, de donner libre cours à sa haine : qu'elle donne des coups de pied, hurle, pisse et défèque sur la tombe, mais à condition de se tenir

ensuite à l'écoute des réactions postérieures à l'assou-
vissement de sa vengeance. Elle a suivi mon conseil et,
après s'être défoulée sur la sépulture, a senti monter du
fond d'elle-même l'envie de la nettoyer et de la couvrir
de fleurs. Et il lui a bien fallu, peu à peu, se rendre à
l'évidence, à savoir qu'elle éprouvait en fait de l'amour
pour sa grand-tante.

Cela, vous l'aviez prévu ?
Bien sûr. Il était évident que toute cette haine n'était
que le visage déformé d'une affection bafouée. Je savais
que Chantal, une fois sa pulsion haineuse exprimée,
aurait besoin de laisser se manifester l'amour longtemps
contenu en elle à l'égard de cette dame qui, dans ce
pensionnat sinistre, était son seul lien familial.

Autre exemple.
Une dame ne cessait d'avoir le vertige. Une simple
flaque d'eau suffisait à la faire se sentir mal. Je lui ai
conseillé de placer ses pieds entre les cuisses d'une
femme puis d'en frotter la plante contre la vulve.

Ahem... Quel fut le résultat de ce traitement de choc ?
La pratique de cet acte lui a provoqué une crise de
larmes suivie d'une prise de conscience salvatrice. Je ne
vais pas m'étendre sur la signification symbolique de
ces vertiges : peur d'être avalée par sa mère, frayeur face
au sexe maternel, etc. Comme vous le voyez, ma
technique est assez bizarre.

*Pour le moins, oui... Comment diable vous viennent
de pareilles idées ?*

Elles me viennent, voilà tout ! La vérité, c'est que je suis un artiste. Voilà d'ailleurs pourquoi j'ai pris la peine de t'expliquer tout mon parcours. Les diverses étapes créatrices de mon existence m'ont formé et ont développé mon imagination.

Arrive-t-il que, face à un patient, rien ne vous vienne ?

Jusqu'à présent, cela ne m'est pas arrivé. Une réponse m'est toujours venue. Je suppose que mes conseils varient en qualité et en efficacité ; mais cela, je ne puis le dire. C'est aux personnes venues me consulter de pratiquer l'acte et de juger par elles-mêmes. Mais en fait, je ne puis guère m'imaginer muet face à quelqu'un. Que voulez-vous, soit on est magicien, soit on ne l'est pas ! Si vous vous adressez à moi, j'aurai forcément quelque chose à vous dire. Mon propos sera toujours bien intentionné et ne sera jamais totalement dénué d'efficacité. Quant à vous dire précisément son degré de justesse et d'efficacité, cela m'est impossible. Une chose doit être claire : je ne me situe pas sur un terrain scientifique mais sur un plan artistique. La psychomagie ne se veut en rien une science mais une forme d'art appliqué possédant des vertus thérapeutiques, ce qui est tout à fait différent. Picasso a produit plus de dix mille dessins. Tous sont plus ou moins bons, aucun n'est totalement dénué de valeur ; reste que tous ne sont pas des chefs-d'œuvre. Mais, à chaque fois, c'est du Picasso, autrement dit le produit du talent d'un artiste à part entière. « Je ne cherche pas, je trouve », disait justement Picasso ; trouver, c'est une habitude, une seconde nature. Celui qui n'a pas pour ainsi dire pris l'habitude de trouver ne connaît pas ce jaillissement spontané venu de la profondeur, mais celui qui s'est relié à sa source créatrice la laisse tout simplement couler. Imagine-t-on un maître zen qui ne relèverait pas le défi posé par la question d'un élève ? Cette assurance ne participe ni de la science, ni de la mégalomanie mais de la foi, de l'évidence.

Poursuivons, donnez-moi d'autres exemples...

Un jeune garçon se plaint de « vivre dans sa tête », m'explique qu'il ne parvient pas à « prendre pied sur la réalité » et à « avancer » en direction de l'autonomie financière. Je le prends au mot, lui propose de se procurer deux pièces d'or et de les coller sous les semelles de ses chaussures, de sorte qu'il se retrouve à marcher toute la journée sur de l'or ! À ce moment, il sort de sa tête, prend pied sur la réalité et avance... Voilà un exemple où je m'empare des termes mêmes utilisés par le consultant. Pour finir, j'aimerais vous raconter un acte impliquant mon fils aîné Brontis.

J'écoute...

Brontis, alors âgé de sept ans, a joué dans mon film *El Topo*. Plusieurs précisions s'imposent : tout d'abord, Bernadette, sa mère, n'a jamais vraiment vécu avec moi. Lorsque nous l'avons conçu, je me croyais stérile. Mon père détestait son propre père et ne signait jamais « Jodorowsky ». N'ayant aucune envie de reproduire ce nom, il avait réussi à me convaincre de manière subtile que je n'aurais jamais d'enfants et que j'étais donc le dernier des Jodorowsky.

Une actrice avec laquelle je travaillais m'a dit un jour

qu'elle était persuadée de ma possible fécondité, ce à quoi j'ai répliqué que la procréation ne s'inscrivait pas dans mon destin. Nous avons fini par coucher ensemble et, quelques temps plus tard, elle m'a annoncé qu'elle était enceinte de moi. Ayant confiance en elle et sachant donc que cet enfant était bel et bien de moi, je suis passé par une sorte de révolution intime, au-dedans comme au-dehors. La femme avec qui je vivais est partie et je me suis retrouvé seul face à cette responsabilité à laquelle je n'étais aucunement préparé. J'ai accepté la venue de l'enfant — il était pour moi exclu d'avoir recours à l'avortement —, mais je ne m'en sentais pas moins désemparé, dans des dispositions bien éloignées de celle d'un père. En outre, j'étais pauvre et ne pouvais vraiment apporter un soutien financier à la femme et à l'enfant, si bien qu'à la naissance de Brontis, je lui ai en tout et pour tout fait cadeau d'un ours en peluche. Peu de temps après, cette actrice est partie travailler en Europe en emmenant l'enfant. Six ou sept années plus tard, ainsi que je l'ai raconté dans *La Tricherie sacrée*, je suis passé par une profonde prise de conscience et ai repris contact avec la mère de mon fils, lui disant que je gagnais désormais bien ma vie et qu'elle pouvait, si elle le désirait, m'envoyer Brontis. Il est arrivé avec son ours en peluche et une photo de sa mère. J'ai donc décidé de le faire jouer dans *El Topo*. Le film commence ainsi : j'arrive en jouant de la flûte accompagné du petit garçon et lui dis solennellement : « Maintenant, tu as sept ans, tu es un homme. Enterre ton premier jouet et le portrait de ta mère. » L'enfant s'exécute, enterre l'ours dans le sable, met la photo dans le trou, puis nous nous éloignons tous deux.

Les années ont passé et je me suis rendu compte que Brontis et moi avions du mal à communiquer sur le plan spirituel. J'ai dû admettre avoir commis des erreurs et ai cherché à les réparer. Brontis avait plusieurs fois parlé de ce jouet que je lui avais demandé d'enterrer lorsqu'il était venu vivre avec moi. Cet ours était son tout premier jouet, je lui en avais fait don à sa naissance avant que nous ne nous séparions pour sept ans. Le film terminé, nous n'étions pas allés sortir l'ours des sables où, sur mes injonctions, Brontis l'avait enfoui ; je me suis rendu compte que je l'avais brutalement coupé de son enfance et de sa mère : après avoir enterré le portrait aux côtés du jouet, il n'a plus parlé de Bernadette et a cessé de lui écrire. Plus tard, il m'a fait cet aveu : « Je n'ai pas souffert car j'ai imaginé que les fourmis viendraient habiter à l'intérieur de l'ours, qu'il serait pour elles une maison. » C'est ainsi que cet enfant s'est, à l'époque, consolé... Un jour, beaucoup plus tard, alors que Brontis était âgé de vingt-quatre ans, j'ai imaginé un nouvel acte en réparation de l'acte antérieur. Le jour de son anniversaire, me suis-je dit, je vais enterrer un ours en peluche dans le jardin de notre maison, le recouvrir de sable et le placer à côté d'une photo de la mère. Puis je vais mettre un chapeau noir, semblable à celui que je portais dans *El Topo*, demander à Brontis de se déshabiller et de venir dans le jardin — dans le film, l'enfant était nu — afin d'y déterrer l'ours et la photo. Je lui tiendrai ces propos : « Aujourd'hui, tu as sept ans et tu as le droit d'être un enfant. Viens déterrer ton premier jouet et le portrait de ta mère. » J'ai donc décidé de passer à l'acte mais me suis heurté à quelques impondérables : j'avais dans l'idée d'acheter un ours en tous points semblable à l'autre, un jouet dur, rempli de paille. Mais l'industrie a progressé et tous les ours en peluche sont aujourd'hui doux et flexibles. C'est ainsi que le vieil ours rigide est devenu un bel ours délicat et souple. Quant à la photo, celle que Brontis avait enterrée à sept ans était en noir et blanc ; lorsque j'ai cherché un portrait de sa mère afin d'accomplir l'acte — elle avait péri dans un accident d'avion —, je n'en ai trouvé qu'un en couleurs, si bien qu'ayant enfoui un cliché gris, mon fils allait à présent déterrer une image colorée... Ces modifications dues au « hasard » ont en fait grandement contribué à la réussite de l'acte. Ce qui m'amène à vous dire que les impondérables, les éléments que l'on ne peut contrôler jouent aussi un rôle important dans la psychomagie. Il convient de s'efforcer d'accomplir l'acte selon les instructions données et dans les meilleures conditions, mais dès lors que l'on se trouve dans ces dispositions, les incidents imprévus et autres changements indépendants de notre volonté doivent être considérés comme faisant partie du processus. Dans *El Topo*, je l'abritais sous une ombrelle noire afin de le protéger de l'écrasant soleil du désert ; le jour où, ici à Vincennes, nous avons accompli l'acte, il pleuvait, si bien que je l'ai abrité sous un parapluie noir. Il ne savait pas vraiment ce que j'allais faire mais a tout de suite compris lorsqu'il m'a vu imiter le clipiti-clop d'un cheval et faire comme si j'étais sur ma monture avec lui derrière. Il a grimpé sur mon dos et nous sommes allés sous la pluie à l'endroit où j'avais enterré l'ours. Il m'a dit, curieusement : « Aujourd'hui, je n'ai pas pris de parapluie. Je savais que tu m'attendrais et m'abriterais », comme s'il avait senti ce qui allait se passer. Il a déterré l'ours ainsi que la photo en couleurs de sa maman, nous sommes tombés dans les bras l'un de l'autre et il a pleuré longuement la tête sur mon épaule, des pleurs de gratitude, comme un enfant plein de tendresse. À compter de cette date, il a pris la décision de m'envoyer chaque jour un poème par la poste, si bien que depuis je reçois quotidiennement un texte de lui. Je range ces poèmes dans une boîte spéciale prévue à cet effet. Inutile de vous dire que la communication entre nous s'est beaucoup améliorée... À l'heure où je vous parle *, il a trente ans et nous avons une très belle relation.

Voilà une très belle histoire. Dans cet acte, vous avez donc volontairement reproduit une situation survenue dans l'enfance...

Oui, mais en la rendant juste. J'ai repris les mêmes éléments associés à une charge émotionnelle négative en leur insufflant une charge positive. J'ai ainsi payé ma dette psychologique.

* En 1993.

VII

PETIT COURRIER PSYCHOMAGIQUE

Une fois l'acte accompli, vous m'avez dit, pour tout paiement, demander que l'on vous envoie une lettre en rapportant l'exécution. J'aimerais avoir des précisions à propos de ce courrier psychomagique...

J'exige cette lettre pour deux raisons : l'acte psychomagique présentant toutes les caractéristiques d'un rêve, il est très vite oublié si on ne le couche pas immédiatement sur le papier. D'autre part, ce que l'on reçoit doit être partagé. La meilleure manière de rétribuer un thérapeute, c'est de lui montrer comment l'on a recouvré la santé grâce à son aide. C'est un grand signe de santé spirituelle que de savoir remercier. Ces lettres sont donc partie intégrante de l'acte psychomagique. Elles le sanctionnent et l'achèvent, pour ainsi dire.

Voilà qui ne fait qu'aiguiser ma curiosité. Accepteriez-vous de m'en lire quelques-unes ?

Avec plaisir. Si nous ne pouvons montrer un acte, les lettres sont là pour en donner la saveur directe. Afin que vous saisissiez bien le processus, je vais commenter

la première lettre phrase par phrase. Par la suite,
lorsque j'en lirai d'autres, je vous laisserai le soin de
deviner les raisons cachées derrière des actes à première
vue aussi irrationnels.

Allons-y...
N'oubliez pas que dans ces lettres, ce n'est pas moi
qui parle mais celui ou celle à qui j'ai prescrit un acte,
acte dont il ou elle me rend ainsi compte. Voici donc la
première lettre que je vais commenter au fur et à
mesure* :

« Je suis psychologue et je suis venue te voir parce
que je n'arrivais pas à travailler dans ma profession. Je
ne gagnais pas un sou. Tu m'as donné l'acte de
psychomagie suivant : " Prendre un pot qui soit un
double carré... [Je lui ai dit de prendre un pot ayant la
forme d'un double carré, comme les cartes du tarot.
Double carré magique, autrement dit l'esprit et le
corps. Il fallait qu'elle travaille avec les deux.]... d'une
couleur initiatique. [Quelle couleur ? À la personne de
choisir la couleur ayant pour elle une force symbolique, afin que l'objet lui parle.]... Après l'avoir divisé en
deux, planter du blé ! [Là, je joue avec les mots : quand
tu plantes du blé, il te pousse du blé dans la poche. Ce
n'est pas par hasard qu'en français on nomme parfois
l'argent " le blé ".] D'un côté, le blé est planté sur
quatre files, deux files paires et deux files impaires.

---

* Les commentaires d'Alexandro sont entre crochets dans le texte.
Dans le but d'en faciliter la lecture, quelques corrections mineures,
portant sur des fautes de grammaire ou des maladresses d'expression ont
été apportées aux lettres. La plupart des originaux de ces lettres sont en
possession d'Alexandro et leur authenticité peut être vérifiée.

[Pour moi, faire des files paires et impaires symbolise la reconnaissance de l'homme et de la femme en soi : dans toutes les initiations, les impaires sont masculins et les paires féminins. Accorder la même attention à l'homme et à la femme, c'est reconnaître le couple au-dedans de soi.] De l'autre côté, il est planté en désordre. [Donc, il a y un côté ordonné symbolisant la nécessité pour l'intellect de travailler avec méthode, et un côté en désordre marquant la confiance accordée à l'inconscient. Cette mise en scène exprime que l'ordre parfait n'existe qu'à côté du désordre.]

Le 7 février, en rentrant, après deux jours d'absence, je m'aperçois que le blé germe. Mais les côtés gauches des deux carrés sont stériles ou avec une ou deux pousses seulement. [Seuls les côtés droits ont poussé... Voilà qui est mystérieux ! Pourquoi le côté droit et non le gauche ? Nous savons que dans notre société patriarcale, le côté gauche est le côté féminin ; le côté passif du corps est symbolisé par la gauche. En Inde, la main droite est la main de Dieu et la main gauche celle de la terre, celle aussi avec laquelle on s'essuie les fesses, tandis que l'on mange avec la droite. Et lorsqu'on crache, c'est toujours à gauche, jamais à droite. Il importe ici de comprendre le message délivré à cette femme : elle nie sa féminité. Et la psychomagie, opérant par le biais de la synchronicité ou, si l'on veut, de la poésie, le lui signifie à travers ces carrés de blés : Écoute, surveille ta féminité, ne délaisse pas ton intuition, prends soin de ta femme intérieure ! C'est comme si le blé lui disait : " Je ne pousse pas parce que tu n'aimes pas la terre. Et tu n'aimes pas la terre parce que tu ne t'aimes pas dans ta dimension féminine. "]

Tu m'as dit de mettre de l'argile sur les parties stériles et de les arroser le soir avec de l'eau bénite...

[Pour moi, l'argile, c'est le corps humain. On dit que Dieu a fait Adam en prenant l'argile des quatre coins de la terre, nord, sud, est et ouest. Et avec cet argile issu des quatre coins, il a fait un homme équilibré. Or, ces quatre coins résident également en nous-mêmes. Si l'homme n'a pas établi un équilibre entre ses besoins corporels, ses désirs, ses émotions et son intellect, il ne peut se sentir bien. En un être humain épanoui, ces quatre énergies sont équilibrées. Quant à l'eau bénite, elle est prescrite afin que le corps soit béni. C'est là la première chose à faire afin de reprendre contact en soi avec la dimension féminine. En demandant à cette femme de bénir son corps, je l'invite à le sacraliser et donc à ne plus le mépriser, à en reprendre possession.]... puis de confectionner de petits cœurs en fil de fer et de les planter aux quatre coins de la pièce ; tu m'as ensuite demandé de prier mes ancêtres femmes. J'achète de l'argile verte. Je la mets sur les parties gauches et, le soir, les asperge d'eau bénite, eau que j'avais au préalable laissée sur mon autel près du Bouddha. Je me suis également procuré du fil de fer pour confectionner les petits cœurs. [Je lui ai donné un travail à faire, car, pour trouver du travail, il fallait qu'elle apprenne à travailler. D'où ces petites tâches qu'elle devait accomplir et qui lui signifiaient : " Apprends à aimer le travail, sinon tu ne travailleras jamais. "]

Le 20 février, je fais les petits cœurs et les dispose comme demandé. Je remets aussi de l'argile, de l'eau bénite, et prie les femmes de mon arbre généalogique afin qu'elles me viennent en aide. Le 24, je continue à mettre de l'argile, de l'eau bénite, et à prier. Quelques petites pousses nouvelles sont apparues mais ce n'est pas comme le côté droit. [Ici, elle exprime son refus de la différence entre la gauche et la droite. Elle rentre dans la compétition. C'est comme si elle disait : " Une femme, ce n'est pas comme un homme. Elle est diminuée, inférieure. " Et lorsqu'elle remarque : " Ce n'est pas comme le côté droit ", on ne peut que lui répliquer : " Bien entendu, puisque c'est le côté gauche ! "]

Depuis un mois, il ne se passe plus rien... [En fait, tout s'est déjà passé.] Après avoir mis de l'argile et de l'eau bénite de temps en temps, j'ai vu que du blé a poussé. [Intéressant : il ne se passe soi-disant plus rien, mais du blé a poussé !] Les côtés stériles sont moins touffus que les autres. [Toujours la comparaison... mais même si une seule minuscule plante avait poussé à cet endroit, sur cette terre volée dans un cimetière en plein hiver, avec des graines achetées dans un magasin diététique, c'eût été une merveille. Du blé pousse dans sa chambre : quel miracle !] J'ai deux rangées de six plantes et deux de cinq. [En additionnant, cela fait vingt-deux... Et je lui avais dit de prendre un pot qui fasse un double carré afin que cela forme une carte du tarot. Voilà que dans ce carré en forme de carte du tarot, on trouve vingt-deux plantes, autant que d'arcanes majeurs... Miracle !]

J'ai trouvé du travail le 2 mars et travaille encore actuellement. Je te remercie de m'avoir aidée. »

Objectif atteint, donc... Je serais curieux d'entendre une autre lettre...

En voici une, que je ne commenterai pas. L'auteur en est un écrivain américain du nom de R.M Koster. Il traversait une période de stérilité dans le domaine de la création littéraire et avait commencé à sombrer dans l'alcoolisme. Sa femme connaissait mon travail et, sentant que je pourrais l'aider à retrouver sa créativité, elle l'a incité à faire le voyage de Panama, où il est établi, jusqu'à Paris afin que je lui donne un acte de psychomagie. Je dois préciser qu'il n'avait plus écrit de livre depuis dix ans. Je propose de vous lire la lettre qu'il m'a envoyée après s'être libéré de l'alcoolisme et avoir recommencé à écrire, tout cela suite à l'acte accompli.

Voilà qui promet...
En écrivain, Koster adopte un style humoristique qui ne masque pas pour autant la dimension tragique de ce qu'il a vécu. Écoutez :

« Situation au moins de mars 1987 : pendant les années 70, j'ai écrit trois romans, tous les trois très bons, dont le sujet était un pays imaginaire d'Amérique centrale, métaphore du Panama, et mes réactions à ce pays. Sans que je le sache, ils préfiguraient l'histoire de la République de Panama car une fois ces romans écrits, Dieu décida de me plagier et ces imaginations devinrent réalité. Un artiste prédit l'avenir, car il connaît le présent, contrairement aux autres. Tout en travaillant sur le troisième roman, j'ai perdu courage et me suis senti angoissé face aux militaires. J'ai décidé de ne plus écrire sur ce pays imaginaire qui s'appelait Ténèbre et, dans les dernières pages, je l'ai détruit par un tremblement de terre. Une fois ce roman terminé, en septembre 1978, je n'ai plus rien écrit, ai perdu confiance en mes aptitudes littéraires et me suis mis à boire. Lorsque je t'ai rencontré, je t'ai dit : " Sans confiance, on ne peut travailler. Pou écrire un roman, il faut se jeter du haut d'un immeuble. À ce moment-là, on écrit, sans savoir où l'on va. Peut-être va-t-on être reçu par les pompiers, peut-être pas ; mais si on recherche avant tout la sécurité, il faut descendre par l'escalier. On est en sécurité mais on n'écrit pas de roman. Quand on prétend vivre sa vie en empruntant l'escalier, on ne la vit pas vraiment. Vient un moment où il faut se jeter à l'eau. "

Tu m'as répondu : " Tu es possédé par un vieux moi. Quand tu écrivais ce livre, c'était un autre qui l'écrivait, d'autres personnages qui parlaient. Mais ces personnages existent dans ton inconscient, ils sont des parties de toi. Et qu'as-tu fait ? Tu as rompu avec eux, tu les as assassinés. Donc, ces êtres sont fâchés avec toi parce que tu n'as pas amené ton roman là où il devait aller. Dans la créativité, il faut s'obéir. Quand on est en train de créer, il faut se donner, laisser la création pousser comme un champignon. Il faut obéir à ce qui pousse en nous, et tu ne l'as pas fait, coupant ainsi ta créativité. "
J'ai accepté ton analyse, ayant toujours été persuadé que c'est le livre qui cherche l'écrivain, de même que la femelle cherche le mâle, et non l'inverse. Tu m'as recommandé :

1) De brûler mes quatre projets postérieurs au troisième roman, ceux que je n'ai jamais pu mener à bien. Action qui devait avoir lieu dans la pièce où je travaille.

2) D'utiliser une boisson alcoolisée pour y mettre le feu, ceci afin de remédier à ma consommation excessive d'alcool.

3) Comme la pièce est au premier étage et puisque j'avais utilisé la métaphore de l'écrivain sautant du haut d'un immeuble, c'est-à-dire se donnant entièrement à son livre, tu m'as suggéré, le rite une fois terminé, de sortir par la fenêtre plutôt que d'emprunter l'escalier.

Tu as précisé d'autres détails qui apparaîtront au fur et à mesure de la description de mon acte. J'ai rassemblé tout le matériel nécessaire et l'ai mis dans un chaudron en fonte : des exemplaires des quatre manuscrits inachevés, un litre de vodka, le fil vert pour attacher les feuilles, une épingle pour me piquer le doigt et ainsi mettre une goutte de sang sur chacun des manuscrits... J'ai allumé le tout. Immédiatement, la pièce a commencé à être envahie d'une horrible fumée. J'ai pris le chaudron, bien qu'il soit assez chaud et me suis dirigé vers les toilettes, de peur que la suie ne couvre la pièce. De plus, je ne voulais pas que quelqu'un puisse voir cette fumée et appelle les pompiers. J'ai fermé la porte des toilettes, posé le chaudron sur la cuvette et commencé à tousser et à étouffer. Je suis sorti en courant, ai fermé la porte derrière moi et, pendant les quinze minutes suivantes, suis revenu de temps en temps pour m'assurer que ça brûlait toujours. Cependant, j'ai commencé à préparer la fenêtre en prévision de ma sortie. Comme toutes les fenêtres de ce pays tropical, elle a des persiennes en verre et une moustiquaire. J'ai d'abord dévissé celle-ci puis ai ensuite démonté une partie de la persienne afin de pouvoir passer, opération délicate qui nécessite de retirer le métal soutenant le verre. Pour finir, une fois le tas de manuscrits brûlé et la porte ouverte, un autre nuage d'épaisse fumée m'est tombé dessus. N'en pouvant plus, j'ai sorti le chaudron et l'ai passé par la fenêtre, puisqu'il m'était interdit d'utiliser l'escalier. Je l'ai posé sur le rebord se trouvant juste sous la fenêtre, puis ai couru fermer la porte des toilettes afin d'éviter que la fumée ne se répande dans toute la maison. Pour une raison mystérieuse, un feuillet était resté sur le couvercle de la cuvette. Je suis sorti par la fenêtre, suis passé par le toit et descendu dans la cour. J'ai jeté à la poubelle ce qui restait des manuscrits. Le lendemain, quand je suis entré dans les toilettes, j'ai constaté qu'elles étaient encore pleines de fumée et que les murs, blancs à l'origine, étaient devenus noirs. Quand j'ai soulevé le papier resté sur la cuvette, j'ai vu que la partie restée couverte était demeurée très blanche. J'ai fait nettoyer les toilettes mais même aujourd'hui, alors que six mois se sont écoulés, on peut encore sentir l'odeur de fumée et remarquer la différence entre le rectangle blanc et le reste qui est maintenant gris.

Résultats de ta psychomagie :

— J'ai écrit un article sur le Panama publié dans la revue *Harper's* magazine, numéro de juin 1988.

— J'ai fait des démarches pour avoir un agent littéraire. Cet agent a vendu pour 70 000 dollars un projet de livre écrit par moi à partir de matériaux préparés par G. Sanchez Borbon, un exilé.

— Entre janvier et avril 1988, j'ai écrit les 35 000 superbes mots de ce livre.

Conclusions :

À l'heure actuelle, aucun livre de fiction n'est encore venu frapper à ma porte pour demander d'être écrit, mais j'écris avec beaucoup de succès sur les événements panaméens. Il semble que ta magie se soucie peu du genre adopté et ne retienne que le thème. »

Voilà... J'ai envoyé une carte postale à Koster pour le féliciter, tout en lui faisant remarquer qu'il n'avait pas brûlé le feuillet resté dans les toilettes. Je lui ai aussi dit que s'il désirait écrire de la fiction, je pouvais lui proposer un autre acte psychomagique. Et lui de me répondre : « Pour l'instant je ne désire pas d'autre acte, car j'ai trop de travail : trop d'idées se bousculent dans ma tête, cinéma, etc. On sait quand on est vide. Maintenant, je suis plein. Merci. »

Que l'on ait foi ou non en cette « psychomagie », vous donnez ici des faits vérifiables, ce qui, je dois le dire, est assez impressionnant... Tous vos consultants vous répondent-ils par des lettres aussi détaillées que celle de R.M. Koster ?

En général, oui. Mais il m'arrive parfois, pour ainsi dire par déformation professionnelle, dans le cadre d'une conversation amicale, de proposer un acte sans qu'on me le demande. Dans ces cas-là, je ne reçois pratiquement jamais de réponse, tout simplement parce qu'il est rare que l'acte soit accompli. La personne ne l'a pas sollicité, elle l'entend donc en passant, peut-être avec une curiosité amusée, mais sans y attacher d'importance.

Nous en revenons donc à l'importance de la motivation, centrale en toute forme de thérapie. Il importe que la personne désire vraiment changer...

Bien entendu. Dès l'instant où le désir est vraiment là, et aussi la confiance, tout devient possible. Je vais vous lire une longue lettre qui illustre bien ce principe : un acte extrêmement simple peut prendre une dimension miraculeuse s'il est accompli avec foi :

« Je m'appelle Jacqueline. Je t'ai dit que mon père s'était suicidé quand j'avais douze ans, en absorbant cinquante cachets d'optalidon. Je t'ai aussi dit qu'avec tous mes problèmes d'argent depuis tant d'années, je me mettais dans des attitudes suicidaires. Tu m'as expliqué que mon père s'était suicidé d'une manière douce (par les cachets) et que j'étais moi-même en train de me suicider doucement, que je répétais mon père.

Je t'ai dit aussi que ma mère était morte trois semaines après le décès de mon père, depuis plusieurs années elle faisait une dégénérescence cérébrale. J'avais besoin d'exprimer dans un acte quelque chose qui m'étouffait certainement depuis longtemps. J'avais besoin d'une libération, et je crois aux miracles.

Tu m'as donné l'acte suivant : me rendre dans une maison de vieillards, acheter une douzaine de belles oranges (des grosses), en faire cadeau à douze personnes et discuter douze minutes avec chacune de ces douze personnes âgées. Ensuite, te rappeler pour te dire l'effet ressenti. Mon père étant décédé un samedi, tu m'as dit d'accomplir l'acte un samedi.

J'ai essayé de comprendre ce que tu me donnais. J'ai pensé que la maison de retraite me renvoyait à l'âge de mon père (au départ, je n'ai pas songé à associer ma mère à cet acte), que les oranges étaient un symbole de fécondité et qu'en allant voir des personnes sensiblement du même âge que mon père, je ne le repousserais plus. Si, par la même occasion, je lui donnais la vie, je m'autoriserais également à vivre et ne me sentirais plus poussée à reproduire son acte. De plus, douze oranges, douze personnes, c'était pour moi le symbole de l'arcane du pendu dans le tarot. Il fallait donc que j'aille jusqu'au bout de mon arbre, jusqu'au bout de ma douleur pour parvenir à trouver la joie ; peut-être fallait-il que je meure une bonne fois pour renaître et occuper ma vraie place. Les jours précédant cet acte n'ont pas été très agréables : je me sentais mal dans mon corps, j'avais des palpitations, des angoisses, des sensations d'étouffement. J'ai cherche une maison de retraite publique, pensant que les personnes qui s'y trouvaient étaient peut-être plus démunies, moins entourées que les vieillards vivant en une institution privée. C'est donc à quarante-trois kilomètres de la ville où je demeure que je me suis rendue, dans une

autre ville portant le même nom que le prénom de mon
mari (!) pour y chercher la Maison départementale de
retraite. Pour y avoir accès j'avais, sur les conseils d'un
ami, téléphoné à la directrice en lui expliquant que
j'étais psychologue et que, faisant un travail sur la
solitude des personnes âgées, je désirais discuter avec
une douzaine de personnes. En arrivant dans les lieux,
j'ai tout de suite compris que j'étais face à ce à quoi je
ne m'étais pas préparée. Toutes les personnes présentes
paraissaient en effet avoir un comportement curieux,
anormal. Elles étaient pour la plupart des " aliénées
mentales ". J'avais le cœur serré car je retrouvais là un
élément de mon passé qui m'avait fait beaucoup
souffrir : ma mère, quelques années avant sa mort,
avait elle aussi " perdu la tête " et je l'avais toujours
refusé, n'étais jamais parvenue à l'admettre. Je retrouvais là quelque chose de très douloureux. Je n'avais pas
choisi cet endroit par hasard. Malgré la douleur, il
n'était pas question de faire demi-tour, il me fallait faire
ce que j'avais à faire. La douleur m'étreignait, il y avait
tant de détresse chez toutes ces personnes... J'avais
l'impression qu'elles me lançaient un appel au secours.
Je ressentais beaucoup d'amour pour tous ces
" vieux ". Il m'était difficile de faire attention au temps
passé avec chaque personne. Je sais que tout acte de
psychomagie doit être scrupuleusement respecté, sous
peine d'être " fichu ". Tu m'avais prescrit douze
minutes par personne ; en consultation, je passe environ cinq heures avec la personne qui vient me voir et ne
regarde pas ma montre ; là, il me fallait me concentrer
(comme le pendu) mais c'était bien, sans doute même
indispensable pour moi. Cela m'obligeait à me situer
dans le temps présent, à être vigilante, à me rendre
compte que l'amour donné est ressenti par l'autre, que

les messages transmis ne sont pas nécessairement plus forts parce que plus longs.

Il y avait des personnes qui n'avaient plus de dents, elles ne pouvaient donc pas manger l'orange et ne voulaient pas la prendre. Je leur ai dit de l'offrir à qui elles voulaient. D'autres n'aimaient pas les oranges et je leur disais là encore d'en faire cadeau à quelqu'un. Cela a bien dû arriver quatre ou cinq fois. Une fois, j'ai eu très peur car un homme qui n'avait plus du tout sa tête a refusé de prendre l'orange même pour la donner à quelqu'un. Comme j'avais discuté avec lui, je ne savais pas s'il fallait le compter dans les douze personnes (puisque l'orange me restait sur les bras), tout cela compliquait beaucoup mon acte et j'avais peur de me tromper. Finalement, cet homme m'a suivie pendant que je discutais avec d'autres personnes et, à un moment donné, j'ai pu le convaincre de garder l'orange. À un moment, cet homme est tombé. Il avait les jambes déformées et ne pouvait avancer qu'en s'aidant d'un appareil sur lequel il s'appuyait. Tout le monde regardait mais personne ne bougeait. J'ai aidé tant bien que mal cet homme à se relever mais il ne voulait pas s'asseoir le temps que j'aille chercher une infirmière. Une fois remis debout, il voulait absolument avancer. Il y avait des personnes qui me disaient qu'il voulait aller dans sa chambre située dans un autre pavillon. J'ai continué à le soutenir et il a monté un escalier pour se rendre là où il voulait. Tandis qu'il montait les marches, j'étais derrière lui afin qu'il ne puisse basculer en arrière et se briser les reins. Cela peut paraître bizarre mais je n'avais pas peur qu'il s'écroule sur moi et me fasse dévaler l'escalier. Je sentais autour de nous cette force d'amour qui nous entoure tous. Finalement, ce monsieur a pu arriver là où il souhaitait. Puis est arrivé midi, l'heure du déjeuner, et il me restait encore une orange, donc une personne à voir. Là encore, j'ai eu peur que mon acte ne soit pas valable. Il fallait que je l'interrompe pendant une heure puis que je retourne ensuite voir une dernière personne pour discuter et offrir le fruit. Et si tout était fichu à cause de cette interruption ?

En sortant, j'ai retrouvé mon mari qui m'attendait et nous avons discuté de tout cela. J'avais donné douze minutes par personne et j'avais l'impression d'avoir apporté beaucoup de bonheur, d'avoir contribué à soulager une certaine souffrance. Mais ces onze personnes, combien elles aussi elles m'avaient apporté ! Cela peut paraître également curieux de la part de personnes aliénées mais pour ainsi dire toutes m'ont remerciée d'être venue vers elles. À chaque fois que je disais au revoir on me disait merci. Je crois que même si l'intellect a perdu un peu, voire totalement ce que l'on appelle le " sens de la réalité ", l'émotionnel, lui, ressent cet amour qu'autrui peut lui offrir. C'est tout du moins ce que j'ai ressenti là-bas.

À treize heures, je suis retournée voir ma douzième personne avec ma douzième orange. C'était un homme sur un fauteuil roulant qui avait été amputé d'une jambe. Je suis ensuite partie, sachant que cet acte m'avait fait prendre conscience qu'il y a trop d'endroits où règne une énorme souffrance, et que chacun peut, à sa mesure, contribuer à la soulager. En allant dans cette maison de retraite, je me suis retrouvée face à mon père et à ma mère. Finalement, mes parents étant morts à trois semaines d'intervalle, je m'étais sentie en tant qu'enfant totalement abandonnée ; grâce à ma visite à la maison de retraite, j'avais l'impression de leur redonner vie à toutes les deux.

Après cet acte, je t'ai téléphoné comme tu me l'avais demandé pour te dire ce que j'avais ressenti. Suite à ce que je t'ai dit, tu m'as proposé la chose suivante : " Va exactement au même lieu où tu as acheté les oranges la première fois, à midi — midi, c'est douze, m'as-tu précisé — et achète une orange, la plus belle. ".

Je t'ai demandé quel jour je devais le faire et tu m'as répondu : " Quel jour es-tu allée là-bas ? " C'était un samedi. Tu m'as dit : " Fais-le un samedi. Mets-toi à la porte d'une église, assieds-toi là, et mange lentement ton orange pendant douze minutes. C'est tout. "

Le samedi 14 juillet, je me suis rendue au marché. Je m'étais renseignée la veille pour savoir si en ce jour de fête les commerçants seraient là. À douze heures très précises, j'ai pris l'orange qui me semblait la plus belle et l'ai achetée. J'ai pris mon vélo et, accompagnée de mon mari, ai cherché l'église devant la porte de laquelle il me serait possible de m'asseoir. Je connaissais l'existence d'une église nommée " Notre Dame de la Paix " dans laquelle je n'étais jamais entrée car son architecture moderne ne m'attirait pas vraiment. Elle se trouve un peu à l'extérieur de la ville et je n'avais qu'une hantise : que sa porte soit fermée à clé — comme sont maintenant fermées toutes les églises en dehors des offices. J'ai donc garé mon vélo et, ô miracle, en poussant la porte j'ai constaté qu'elle n'était pas fermée. L'intérieur de l'église forme un quart de cercle, il y a beaucoup de vitraux — modernes, certes —, mais je m'y sentais très bien. Elle était " chaude ". Je me suis assise pour prier, remercier, avant d'aller manger mon orange. Là, le prêtre est arrivé, il a prié lui aussi puis s'est occupé de l'église. J'attendais que le prêtre parte car ne n'osais pas sortir pour manger mon orange juste devant la porte. J'ai donc pris mon vélo et, avec mon mari qui m'attendait à l'extérieur, nous sommes partis un peu plus loin. En sortant de l'église, j'avais laissé la porte ouverte. Pour moi, mon acte ne pouvait se faire qu'avec la porte ouverte ; sinon, j'avais l'impression que l'accès au bonheur m'était impossible.

Après avoir un peu attendu, nous sommes revenus devant l'église et avons pu constater avec soulagement que la voiture du prêtre n'y était plus. Mais cette fois-ci, j'avais vraiment peur que la porte soit fermée à clé. Non seulement la porte n'était pas fermée, mais elle était restée grande ouverte telle que je l'avais laissée. J'ai donc pu, avec un grand soulagement et beaucoup de plaisir, m'asseoir devant la porte ouverte. Et à treize heure douze précises, j'ai commencé à éplucher mon orange. Dans la semaine, je m'étais dit que douze minutes pour manger une orange, cela devait être terriblement long — évidement, je ne prends jamais le temps de savourer, j'avale...

Treize heures douze, pour moi, c'était une belle révolution, la façon d'en finir avec cette partie de moi-même pour aller vers une transformation totale. J'ai commencé par déguster le premier quartier. Ce que j'ai ressenti, je ne l'oublierai pas. Au moment même où j'écris ces lignes, j'éprouve la même émotion. Je mangeais ce quartier petit morceau par petit morceau.

J'étais émue, j'avais envie de pleurer — mais tout en ressentant de la joie. Cette fois-ci, je sentais que je faisais du bien et, peut-être pour la première fois, m'autorisais la vie. C'était la vie que je goûtais, qui passait en moi, coulait en moi. Je sentais réellement qu'auparavant je m'étais interdit quelque chose de très fort. La vie, sans doute... Là, je savais que la porte de Dieu m'avait toujours été ouverte et que c'était seulement moi qui l'avait fermée. J'étais en totale communion avec Dieu.

Cette émotion a été intense. J'ai regardé l'heure après avoir dégusté le premier quartier : quatre minutes s'étaient écoulées. Le temps passait trop vite, il m'a ensuite fallu accélérer un peu. L'émotion était toujours forte. Après avoir éprouvé une certaine douleur, je continuais maintenant avec un réel plaisir à manger mon orange. Je crois que pour la première fois, j'ai su quel goût avait une orange. C'était une découverte. En fait, c'était comme si je mangeais ma première orange. J'aurais voulu que le temps s'écoule plus lentement pour la déguster davantage. Mais l'acte était l'acte et, à treize heures vingt quatre, je terminai mon orange. Je suis ensuite à nouveau entrée dans l'église et, là, suis restée quelques minutes sans penser à rien. Le vide était en moi, mais un vide agréable, certainement indispensable pour que prenne place une force nouvelle. Je suis ensuite partie avec mon mari qui m'avait attendue sur un banc, tout près, car il était important qu'il soit à mon côté ce jour-là.

Et je me rends compte qu'en me demandant de t'écrire, tu m'apportes encore une aide. Comment dire ? Lorsque je mangeais mon orange, j'ai éprouvé un sentiment d'acceptation de la vie en moi. Peut-être cela correspondait-il au moment où j'ai été conçue car tout en t'écrivant — j'ai rédigé la lettre en plusieurs fois — j'ai eu le sentiment d'accoucher de moi-même. J'ai la volonté de guérir de mon passé et je dois dire que pour l'instant, c'est ma fille âgée de douze ans qui va me pousser dans ce sens. Je l'aime par-dessus tout et je veux son bonheur ; mais je sais qu'elle ne peut trouver ce bonheur que si je lui renvoie le miroir parfait de quelqu'un qui a envie de vivre.

Cette lettre est à bien des égards touchante. Elle témoigne surtout de la foi de cette femme en la psychomagie... L'ennui, avec la « difficulté à vivre », c'est qu'il s'agit d'un mal très vague. Après lecture de cette longue missive, je me réjouis de ce que Jacqueline ait pu se sentir revivre, mais je souhaiterais avoir connaissance d'une lettre plus courte témoignant de la résolution grâce à la psychomagie d'une difficulté plus précise, plus facile à circonscrire...

Je vais vous lire la lettre d'Armelle, une jeune femme moitié française (par sa mère) et moitié vietnamienne (par son père). Elle se sentait complexée parmi les Français et vivait mal sa féminité car elle n'acceptait pas ses traits orientaux. Très marqué par la guerre, son père refusait le Viêt-nam. Je lui ai conseillé de se rendre dans ce pays afin d'y retrouver ses racines. Auparavant, elle devait, à Noël, manger une mangue, en garder le noyau et le faire germer dans un verre d'eau, puis le planter dans un pot de terre pendant trente-trois jours. Ensuite, il lui fallait l'emporter au Viêt-nam pour le planter dans le jardin de la famille paternelle. Voici donc ce qu'elle m'a écrit une fois l'acte accompli :

« Je suis partie pour le Viêt-nam le 5 août 1986. Dès que l'avion a commencé à survoler le Viêt-nam, nous sommes entrés dans une zone de turbulences qui secouait l'avion alors que tout le début du voyage avait été très calme. Là, j'ai commencé à être malade et ai passé tout le survol du Viêt-nam dans les toilettes à vomir. Il me semblait qu'une partie de moi refusait ce pays (peut-être à cause du dégoût de mon père envers sa propre race).

Arrivée là-bas, j'ai eu l'impression de voir mon père

dans tous les petits garçons que je croisais (mon père a quitté le Viêt-nam à l'âge de quatorze ans). Et puis, chose bizarre, j'étais angoissée d'avoir mes règles et éprouvais la même sensation que lors de mes premières menstruations. Je pense avoir alors repris contact avec ma féminité. J'ai pu aussi observer la féminité des Vietnamiennes, si naturelles, délicates et gracieuses.

J'ai été frappée de ce que l'on ne me prenait pas du tout pour une Vietnamienne et c'est là que, pour la première fois, mes racines françaises me sont clairement apparues

Je suis arrivée le 13 août dans la ville natale de mon père. J'étais très émue et ai pleuré presque toute la soirée, proie à une immense solitude et me sentant pleine de rage contre mon père.

Le lendemain, je suis allée voir la maison de mon arrière-grand-mère ; c'était formidable, car le 14 août est la date de la mort de mon arrière-arrière-grand-mère et toute la famille se trouvait réunie là pour célébrer le culte des ancêtres. Nous avons fait brûler de l'encens devant les autels de tous les ancêtres. J'ai eu une très grande émotion devant la tombe de mon arrière-grand-mère que je n'ai pourtant pas connue. Ensuite, j'ai planté mon manguier dans le jardin, aidée de toute la famille.

Ce moment fut extraordinaire : creuser la terre jaune du Viêt-nam pour y planter cet arbre dont les racines étaient entourées de terre noire de France... Le contraste des deux terres fut pour moi un symbole fantastique. En plus, étrange coïncidence, le jardin était plein de manguiers.

Ce voyage a été très important pour moi. Il m'a permis de reconnaître ma féminité, d'analyser et de valoriser l'héritage de cette culture, de reconnaître que

j'avais fondé mon complexe racial sur une illusion.
Merci. »

Pourquoi Armelle devait-elle attendre Noël pour
manger la mangue puis enterrer le noyau précisément
33 jours plus tard ?

Cette jeune fille ne vivait pas seulement un complexe
vis-à-vis de sa double origine ; elle se trouvait aussi
entre deux religions. Je devais donc persuader son
inconscient d'accepter comme un don ses deux cultures
et de les unir en elle. Le Christ est né à Noël et mort à
33 ans, pour ensuite ressusciter. C'est tout ce cycle que,
sous la forme de la plante, Armelle a transporté au Viêt-
nam.

Avez-vous eu l'occasion de « guérir » ainsi d'autres
complexes raciaux ?

Oui, bien sûr. J'ai un jour eu la visite d'un homme de
père africain et de mère française, puis presque aussitôt
après d'une femme dans la même situation. Ils ne se
connaissaient pas et sont venus me consulter séparé-
ment. Tous deux éprouvaient un profond malaise à
l'égard de leur double origine. J'ai décidé de les unir
dans un acte psychomagique qu'ils accompliraient
ensemble. Je me suis dit qu'à travers cet acte simultanément réalisé par deux personnes de sexe opposé allaient
s'incarner l'homme et la femme intérieurs, l'animus et
l'anima. Leur peau à chacun n'était ni très claire, ni très
foncée. Je leur ai demandé de se maquiller l'un en noir,
l'autre en blanc, d'aller en voiture à l'Arc de Triomphe
puis, de là, de descendre à pied les Champs-Élysées ;
ensuite revenir au point de départ, retourner au lieu où

ils s'étaient maquillés et intervertir les rôles, le noir devenant blanc et vice versa, pour finalement refaire le même parcours. Je vais vous donner lecture de la lettre du garçon, prénommé Sylvain :

« Samedi matin : devant mes yeux se trouvent deux tubes de maquillage. L'un porte l'inscription " chair ", l'autre " nègre ". La salle de bains est étroite et la fille à ma droite me rend mal à l'aise. Elle manque d'énergie, de souplesse, on dirait qu'elle va se mettre à pleurer Elle a choisi de se maquiller d'abord en femme blanche. Je me maquille donc en noir. Je sens périodiquement mon estomac se nouer, puis je me dis : " Allons, ce n'est rien, ça va être amusant... " En fait, cela n'a rien d'amusant. Je me souviens de ce qui m'a poussé à accepter de descendre les Champs-Élysées déguisé en nègre puis en blanc ; je me souviens de quinze ou vingt ans d'enfance complexée par mon infériorité raciale, ma confusion, mon dégoût envers moi-même, mon manque de plaisir à être. Je pense à Laurence qui, dans un couloir d'école, il y a de cela au moins vingt ans, avait hurlé de dégoût en apprenant que j'étais amoureux d'elle... Je regarde mon reflet dans le miroir et me dis que, finalement, cette idée me plaît. La voiture nous dépose en haut des Champs. Je porte une perruque et un bonnet de rasta. Ma compagne est blanche et vêtue de noir. Nous avançons. Nos pas sont d'abord rapides, comme si nous voulions courir, mais nous avons tôt fait de ralentir. J'attire toute l'attention, personne ne semble remarquer la femme à mes côtés. Beaucoup de gens me regardent en souriant, et je me sens tout petit, comme recroquevillé en moi-même. J'entends des gens qui commentent : " Hey, rasta man ! " Je souris. Je ne sens pas mon corps, je ne sens pas le sol sur lequel je marche. J'ai l'impression de rêver et me sens mal à l'aise. J'ai envie d'arracher ma perruque et d'effacer ma peau, de hurler : " Ce n'est pas moi ! " Nous entrons dans une galerie, il fait sombre, je me calme un peu. Quand nous sortons, je vais mieux. Le reste du parcours me semble plus facile et je constate une chose : quelle que soit l'image que les gens ont de moi, ce n'est jamais qu'une image. Personne ne peut me voir tel que je suis si je ne décide pas de me montrer réellement. Et encore, même alors, qui serait capable de me voir vraiment ? Nous arrivons au terme de notre premier trajet. Dans la voiture, au retour, je songe à cette notion d'image et me dis qu'il serait intéressant que je joue un peu avec la mienne. Nous voici de retour dans la salle de bains. Je frotte mon visage et la couleur noire s'en va, elle dégouline dans le lavabo. Je me souviens que, toute mon enfance, j'aurais voulu voir la couleur de ma peau dégouliner dans le lavabo.

Cette fois, je joue le rôle du Blanc. Je trouve le maquillage plus difficile. J'ai du mal à imiter l'aspect de la chair blanche. J'ai l'air d'un travelo. L'image que je me suis donnée cette fois-ci est celle d'une sorte de fan de heavy metal avec une casquette rock. Le fait de me maquiller en homme blanc me donne l'impression de commettre un sacrilège. C'est intéressant, car ce sentiment n'existait pas tout à l'heure. Nous descendons de nouveau les Champs, mais cette fois-ci personne ne semble me remarquer. Beaucoup de gens, cependant, observent la fille à mes côtés. Elle est très noire et vêtue de blanc. Tout au long du parcours, je me demande si les gens seraient aussi dérangés que moi en ce moment même s'ils savaient ce que je suis en train de faire...

Pourtant, tout est finalement très impersonnel. Personne ne voit rien. Les gens sont indifférents, chacun est " dans son truc ". Un petit tour au Virgin Megastore, et le voyage est fini. Je me sens très léger. J'ai une envie folle d'aller claquer des sous sur des vêtements neufs. C'est comme si un rêve venait de se terminer. »

Très intéressant, mais la lettre ne mentionne pas les effets ultérieurs de l'acte...

Autant Sylvain que la fille, Nathalie, ont eu des réactions très positives. Tous deux ont, quelque temps après, formé un couple, Sylvain avec une femme blanche, Nathalie avec un homme de couleur. Autant que je le sache, ces deux couples marchent bien...

Jusqu'à présent nous avons évoqué des complexes certes douloureux mais, si je puis dire, purement psychologiques ; un homme inapte à gagner sa vie, un écrivain incapable d'écrire, des personnes vivant mal leur double origine raciale... La psychomagie pourrait-elle venir en aide à des personnes ayant subi un traumatisme extérieur très précis... Je pense, par exemple à un avortement, expérience traumatique hélas très courante...

Je vais vous lire une lettre relative à ce problème. Brigitte se sentait coupable d'un avortement subi en l'absence de son compagnon, Michel. Elle était déprimée et ne parvenait pas à se faire à cette idée. Sa relation avec son ami était en crise, ils s'éloignaient de plus en plus. Je lui ai proposé un acte afin qu'ils puissent ensemble faire le deuil du fœtus et définitivement l'enterrer. Brigitte et Michel devaient collaborer en fabriquant une boîte en bois fin, tapissée d'un tissu de la meilleure qualité, boîte symbolisant bien entendu le cercueil. Ils devaient par ailleurs choisir d'un commun accord un fruit symbolisant le fœtus — ils ont choisi une mangue. Brigitte, nue, devait placer le fruit sur son ventre et l'y maintenir par un épais bandage. Michel devait couper les bandes avec une paire de ciseaux, comme s'il était un chirurgien, et en extraire la mangue. Brigitte devait revivre tous les sentiments qu'elle avait eus pendant l'opération et les exprimer d'une voix forte. Après avoir placé le « fœtus » dans la boîte, ils devaient aller l'enterrer dans un très beau lieu. Cela fait, Brigitte devait embrasser Michel et avec la langue lui introduire dans la bouche deux billes en pierre, une noire et une rouge. Michel devait recracher d'abord la bille noire. Tel était l'acte prescrit. Voici la lettre de Brigitte :

« La recherche des matériaux se fait un peu dans la précipitation — comme dans l'heure ayant précédé l'IVG. Je choisis le jour exact de l'IVG — un samedi à 18 h 15. L'événement se passe chez Michel. Je prends la position exacte que j'avais eu au bloc opératoire, les jambes en l'air, nue, la mangue sur le ventre maintenue par un bandage. Michel s'approche. Il est habillé de blanc, comme le chirurgien. Il procède très rapidement et je crie, hurle, je ressens l'arrachement dans mon ventre, je pleure beaucoup, je le hais, il me mutile. Michel a coupé les bandages et mis la mangue dans la boîte. D'un seul coup, j'ai un doute : fallait-il également couper la mangue avec les ciseaux ? Michel veut le faire après coup, mais je l'en empêche. Je pleure beaucoup. Michel me dit : " De toute façon, la mangue ne peut plus vivre une fois arrachée. " Ensuite, Michel s'assoit à côté de moi, il me carresse le front. Je sens qu'il me hait. Il est à mille lieues de moi. Il faut maintenant trouver l'endroit où enterrer la boîte. Nous partons tous les deux en direction de Saint-Germainen-Laye, en moto sous une pluie battante. La boîte est dans mon sac à dos. Je ressens à la fois de l'amertume et un profond soulagement.

Finalement, nous nous arrêtons à Marly-le-Roi dans le parc du château préféré de Louis XIV. L'endroit est absolument magnifique. Je pleure beaucoup. Michel me soutient mais semble lointain. Nous creusons le trou à main nue, à l'abri de tout regard. La nuit est pratiquement tombée. Nous nous embrassons. Je mets les deux petites billes dans la bouche de Michel. Une des billes — la rouge — est recrachée par Michel et tombe à terre. Je pique aussitôt une crise, Michel réagit et retrouve la bille rouge. Je la remets dans sa bouche. Comme prescrit, il recrache d'abord la bille noire, m'embrasse et me redonne la bille rouge. Je jette la bille noire dans le bassin du parc et me sens très soulagée. Avec la bille rouge, je vais, comme tu me l'as conseillé, faire un anneau. Des réactions psychosomatiques — rougeur intense sur la joue gauche — analogues à celles qui ont eu lieu après l'intervention se reproduisent.

Je me sens très libérée de la culpabilité et comme remise dans mes énergies. Je suis calme, sereine, dans l'acceptation de ce qui peut arriver. Je retrouve confiance en moi et en Michel. Je choisis la vie, quoi qu'il arrive. Mes énergies internes se sont comme recentrées, je ne ressens plus de panique morbide. »

Que signifie le baiser avec les deux pierres de couleur ?

J'emploie les symboles de la vie et de la mort (rouge et noir) ainsi que le hasard. En lui donnant un baiser, manifestation d'amour, Brigitte donne à Michel l'occasion de donner la vie ou la mort. En recrachant d'abord la bille noire, Michel manifeste son désir de tuer le fœtus, de ne pas être père. Il ramasse lui-même la bille, et, en l'introduisant à nouveau dans sa bouche, il se donne une autre chance. Et cette fois il choisit de recracher la bille rouge, la vie... qu'il dépose dans la bouche de sa compagne. Il manifeste ainsi son acceptation d'un autre enfant à venir. En jetant la bille noire dans un étang, Brigitte rend à son inconscient ses pulsions de meurtre, retrouve la confiance en Michel et se libère de ses craintes comme de sa culpabilité. Dans son corps circule à présent la vie, et non plus la mort. Son sexe est désormais un centre de création et non plus de destruction.

Cet acte illustre bien la technique consistant à « employer le langage de l'inconscient ». C'est là, si j'ai bien compris, le ressort essentiel de la psychomagie...

Oui, mais il m'arrive aussi de donner des conseils simples et logiques compréhensibles au premier degré par n'importe qui.

Dans ce cas, comment ces conseils opèrent-ils ?

Pour qu'ils soient efficaces, je dois saisir ou provoquer l'occasion, trouver le moment propice pour les dispenser. C'est une question pour ainsi dire de « timing ». Le même conseil donné au mauvais moment n'aura pas la moindre efficacité. Ce processus est comparable au football : si j'envoie la balle en direction des buts sans qu'il y ait d'ouverture, mon geste, si précis soit-il, sera vain, car le ballon ne percera pas le mur de la défense. Par contre, si je profite d'un moment de flottement, d'une faiblesse du gardien, mon tir fait mouche. De même, quand une personne relâche un peu sa garde, j'essaie souvent de marquer un but psychologique. Comprenons bien que quiconque est la proie d'un vice se tient continuellement en position de défense. L'ego refuse de céder. Il me faut donc saisir ou provoquer un moment de distraction afin de faire passer un ordre au travers des lignes de défense, jusqu'à l'inconscient. Pour que le consultant adopte le conseil, il importe de percer son moi obstiné pour le toucher en une zone de lui-même beaucoup plus impersonnelle.

Pourriez-vous me lire une lettre illustrant ce principe ?

Voici non pas une lettre à proprement parler mais un témoignage rédigé par quelqu'un que vous connaissez, le célèbre dessinateur Jean Giraud, alias Moebius :

« J'ai rencontré Alexandro au milieu des années soixante dix. Nous travaillions alors sur le film *Dune*. Depuis deux mois, chaque journée m'apportait une surprise nouvelle sur sa façon totalement surréelle d'aborder la création d'une œuvre mais aussi de n'importe quelle pensée ou situation... Un des problèmes les plus lancinants était cependant pour moi celui de la cigarette... Comment passer ces longues heures avec cette personne passionnante sans ponctuer mes réflexions de longs jets de fumée bleue ? C'était un problème sur lequel il n'y avait pas de transgression possible : Alexandro prétextant de soi-disant mortelles crises d'asthme, la cigarette était " tabou " sur le plateau et j'en étais réduit à m'isoler comme un collégien fautif dans la petite cour qui jouxtait notre bâtiment.

Un jour, alors qu'avec quelques personnes de la production nous devisions gaiement autour de quelques rafraichissements à la terrasse d'un café, j'apostrophai Alexandro sur un ton badin, pensant peut-être l'embarrasser en public — ou plutôt ne pensant rien, les mots jaillissant de ma bouche presque à mon insu !

" Alexandro, toi qui as fréquenté tant de magiciens et qui te prétends un peu mage toi-même — à cette époque mes idées sur la magie étaient plutôt confuses et j'y mettais quelque ironie — saurais-tu m'aider par quelque incantation ou grigri à m'arrêter de fumer ? "

À quoi m'attendais-je ? À une réponse pirouette qui se serait terminée dans un rire renvoyant ma question dans les brumes de l'oubli... À ma stupéfaction, Alexandro, loin de s'esquiver, me répondit par l'affirmative : oui, il connaissait une magie puissante, infaillible, et il se proposait de me la démontrer, si j'acceptais, à la minute même. Mais auparavant, il me fallait être bien certain de la réalité de mon intention d'arrêter de fumer, car le charme était si puissant que je devais admettre l'idée que je ne fumerais plus une seule fois de mon existence, une fois la magie mise en œuvre.

Le silence s'était fait autour de la table, toute l'attention braquée sur ce que j'avais déclenché. Alexandro me contemplait avec une hilarité discrète et amicale. Je pensais à cette chère fumée, compage impalpable, toujours disponible, discrète, efficace et rassurante, au claquement joyeux du briquet, au grattement sonore de l'allumette... Étais-je prêt à abandonner ces plaisirs apparemment indispensables ? Mais je pensais aussi au gris de la cendre qui semble tout envahir, au souffle court, aux toux grasses et douloureuses du matin... Je décidai de sauter le pas. Et puis, je ressentais beaucoup de curiosité. Non seulement j'allais voir Alexandro accomplir un acte magique, mais j'allais en être l'objet... Une dernière chose m'incitait à me lancer : les autres, assis autour de moi, attendant ma décision. Allais-je les décevoir et les priver d'une magie en action ?

« D'accord, je suis prêt !

— Tout de suite ?

— Tout de suite.

— Bon, donne-moi ton paquet de cigarettes. »

Je sortis mon paquet de gauloises au tiers entamé. Allait-il lui jeter un sort, le transformer en citrouille ? Après quelques incantations bizarres, il murmura avec sérieux :

« Ma magie est très puissante mais très simple. Pour arrêter de fumer, il suffit de prendre sa décision et ça, tu l'as déjà fait. Le problème, c'est de se souvenir de sa décision, et c'est là que la magie intervient. Qui a un stylo ? »

Je tendis mon stylo-bille et contemplai, fasciné, les gestes précis de mon ami qui défaisait l'enveloppe de Cellophane entourant ce paquet. Il prit le stylo... j'allais enfin voir en quel signe cabalistique, en quel puissant grigri il allait transformer mon paquet entamé.

« C'est très très simple : sur cette face, j'écris ce petit mot :'non', et sur l'autre face, cette petite phrase :'je peux'. »

Alexandro remit la Cellophane autour du paquet, me le rendit comme si c'était une bombe prête à exploser ou rien moins que le Saint-Graal enveloppé dans la toison d'or. Je devais garder ce paquet une demi-douzaine de semaines jusqu'à ce que, complètement débarrassé de la moindre envie de fumer, j'en fasse cadeau à un copain en manque — il a dû se demander ce que pouvait bien signifier ce " non ", " je peux "...

Depuis, je n'ai jamais eu la moindre envie de retoucher une cigarette. »

Bon, là encore, on se dit que c'est la foi qui sauve ! Et pourtant...

Vous savez, il arrive qu'un acte en apparence absurde aide à guérir d'une maladie, car cet acte « parle » à l'inconscient, lequel prend les symboles pour des réalités. La maladie est le symptôme d'une carence. Si l'inconscient sent que ce manque a été comblé, il cesse de se plaindre par l'intermédiaire des symptômes. À titre d'exemple, écoutez cette lettre d'une femme nommée Sonia Silver :

« Je suis venue vous voir au cabaret mystique le 30 octobre 1992 et vous ai posé une question : depuis dix-huit mois, je ressens une intense douleur derrière la nuque. Ce mal peut-il être l'effet d'une régression du point de vue spirituel ? Pour guérir, j'avais consulté des docteurs, acupuncteurs, masseurs, osthéopathes, rebouteux, guérisseurs, et bien entendu pris des médicaments anti-inflammatoires, de la cortizone, subi des infiltrations, etc. Le tout n'avait servi à rien. Le soir du mercredi 30 octobre, vous m'avez donné un acte psychomagique : il fallait que je m'assoie sur les genoux de mon mari et qu'il me chante derrière la nuque une sorte de berceuse. Or, vous ne le saviez pas, mais mon mari est chanteur d'opéra. Il a chanté un air de Schubert. Voilà que je suis guérie, je n'ai plus mal et ne sais combien de mercis je voudrais pouvoir vous dire... »

Que s'est-il donc passé ?

C'est simple : j'ai fait une équation entre la nuque, le passé et l'inconscient. J'ai eu l'intuition que la relation de Sonia avec son père n'avait pu s'épanouir normalement. En la prenant sur ses genoux, le mari allait symboliquement jouer le rôle du père et elle allait redevenir petite fille. En outre, le fait qu'il lui chante une berceuse à la hauteur du point douloureux allait réaliser un désir de l'enfance jamais vraiment satisfait, à savoir que le père vienne l'endormir et qu'il communique avec elle sur le plan émotionnel.

Voilà un raccourci saisissant... Vous n'avez tout de même pas guéri Sonia du manque ressenti suite à sa relation manquée avec son père...

Non, ce n'est pas ce que je prétends. Par contre, la psychomagie l'a guérie de l'un des symptômes engendrés par ce manque. Ni plus ni moins. Mais il m'est arrivé de soulager directement la souffrance causée par l'absence du père. Écoutez un peu cette lettre d'un garçon prénommé Patrick :

« Depuis mon enfance, j'ai toujours ressenti un malaise auprès de mes parents. J'ai quarante-cinq ans et, il y a environ huit ans, ma mère m'a révélé que j'étais un fils illégitime. Elle n'en avait jamais parlé à quiconque. Après la mort de son mari, l'homme que je considérais comme mon père et qui m'a élevé, ma mère a détruit toutes les photos et dispersé tous les souvenirs de mon géniteur, décédé lorsque j'avais trois ans et dont je n'ai aucun souvenir. J'ai éprouvé une profonde colère à l'idée que jamais je ne connaîtrai son visage. J'ai assisté à l'une de vos conférences qui traitait de l'arbre généalogique, je vous ai demandé ce qu'il était possible de faire lorsque l'on n'avait pas connu son père et que l'on ne possédait aucune photo de lui. Vous m'avez répondu que si je n'avais pas été reconnu par mon père, mais que je savais où il était enterré — c'était le cas, ma mère me l'avait dit —, je devais aller sur sa tombe pour me reconnaître moi-même comme son fils en glissant une photo de moi à l'intérieur de la sépulture. Ce que je fis, après quelques hésitations. Peu à peu, ma colère disparut. J'acceptai l'idée de ne jamais connaître ses traits. Et il y a quinze jours, ma mère, qui était persuadée avoir détruit tout souvenir de cet homme, a retrouvé un grand portrait et me l'a remis. Cette rencontre avec ce père a été et reste un grand bonheur. Pour la première fois de ma vie, j'ai conscience de mon identité. Maintenant, je me sens réconcilié et plein d'amour envers mes deux pères ainsi qu'envers ma mère. Votre conseil a été providentiel, je vous remercie de tout cœur. »

Cet exemple illustre bien l'une de mes convictions, à savoir que la réalité fonctionne comme un rêve. À l'instant même où Patrick place sa photo sur la sépulture de son père, son inconscient confère une réalité au symbole et l'unit à la figure paternelle. Celle-ci peut alors surgir dans le rêve qu'est cette vie. N'ayant pu empêcher cette union, c'est-à-dire l'apparition de la vérité, la mère collabore et, en retrouvant la photo, donne à son fils l'image par laquelle il va se sentir complet. Voyez-vous, pour moi, tous les événements sont intimement liés les uns aux autres. Un acte bien réalisé se répercute sur l'ensemble de la réalité.

C'est inconsciemment que la mère a collaboré à l'acte...

C'est pourquoi il importe que les personnes impliquées dans un acte soient informées de son objectif, afin de pouvoir participer avec ferveur à sa réalisation. Je vais vous donner un exemple d'une collaboration consciente et réussie. À Gérard, un homme qui souffrait de se sentir en perpétuelle demande émotionnelle à l'égard de sa femme, j'avais conseillé d'acheter deux grands cierges et une pelote de laine rouge pour accomplir un acte avec l'aide de sa mère. Voici sa lettre :

« Le lundi de Pâques, après avoir déjeuné ensemble, ma mère et moi sommes allés à Notre-Dame chercher deux cierges. Il y avait énormément de monde. Ensuite, je l'ai invitée à dîner dans un restaurant chinois. Nous avons beaucoup parlé, de Dieu, de la vie, de notre famille. Puis nous sommes rentrés. Un peu avant minuit, nous sommes allés dans sa chambre — elle a sa chambre et mon père la sienne. Nous avons disposé les cierges allumés sur la cheminée. Ils étaient orientés nord-sud. Je les avais dans le dos, un à ma gauche et un à ma droite. Puis nous nous sommes attachés et entravés solidement avec la laine rouge. Nous étions liés de partout : pieds, jambes, bassin, corps, bras, mains, tête... Nous nous trouvions donc dans les bras l'un de l'autre et quand l'un bougeait, l'autre devait bouger dans le même sens. À ce moment, j'ai revécu l'enchaînement à ma mère vécu dans ma petite enfance puis mon adolescence. À cette époque, je me croyais tenu de toujours aller dans le sens qu'elle indiquait, de voir comme elle voyait, de faire comme elle, de penser comme elle... J'ai alors ressenti une chaleur au niveau du ventre, puis cette sensation a disparu. Nous sommes restés ainsi attachés jusqu'à minuit. Nous étions tous deux très calmes. À minuit, j'ai commencé à couper la laine. D'abord en bas, les pieds, l'enfance... Nous avons chacun coupé la moitié des nœuds, des liens, mais elle a tenu à ce que j'en coupe un peu plus qu'elle. Quand nous avons pu nous séparer l'un de l'autre, j'ai pensé : " Maintenant, à compter de cet instant, je suis libre. " Je l'ai remerciée et embrassée. Nous avons encore parlé longuement, mais elle était fatiguée. J'ai alors soufflé les cierges, en ai pris un et suis rentré chez moi. La dernière partie de mon acte consistait à lui faire un cadeau auquel je devais d'abord rêver. Un jour,

quelque chose s'est imposé à moi : le seul cadeau digne
de compenser la coupure provoquée par l'acte était de
la remercier de ce qu'elle m'avait donné. Le samedi
9 mai, à minuit, je lui ai donc écrit avec mon sang : " Je
te remercie pour tout ce que tu m'as donné. Je t'aime.
Que Dieu te bénisse. " Puis j'ai scellé cette lettre avec la
cire du cierge de Notre-Dame que j'avais allumé en
écrivant. Cet acte a transformé ma vie ; j'ai cessé de
peser sur ma femme comme je le faisais autrefois à
cause d'une demande émotionnelle venue de
l'enfance. »

Je voudrais maintenant vous montrer une autre lettre
ayant trait à un problème d'identification à la mère.
L'auteur en est une artiste peintre victime de fortes
crises d'asthme. Ici, j'ai utilisé l'élément onirique manié
par l'artiste, sa propre peinture. En outre, cette lettre
est intéressante car elle présente le cas d'une personne
qui avait déjà eu recours à la psychomagie et s'en était
trouvée apparamment guérie, jusqu'à la rechute qui a
suscité un nouvel acte. Comme quoi un acte peut
parfois faire disparaître une difficulté sans tout à fait
l'éradiquer en profondeur. Il convient alors de prescrire
un nouvel acte :

« ... Je t'avais demandé pourquoi, à la suite de la
visite d'un ossuaire de pestiférés à Naples, j'avais eu
une forte crise d'asthme après un an sans la moindre
rechute. Je t'avais également demandé pourquoi,
depuis le jour du vernissage de mon exposition sur les
" anges " — inaugurée par hasard le 8 juin, veille du
vingtième anniversaire de la mort de ma mère — j'avais
de nouveau eu de nombreuses crises d'asthme et dû
journellement reprendre des médicaments que je pensais ne plus jamais devoir absorber. En effet, je me

croyais définitivement guérie après avoir, sur tes conseils, enterré tous mes médicaments sous la tombe de ma mère exactement un an auparavant. De fait, je n'avais plus eu une seule crise, jusqu'à ce jour à Naples... Tu m'as dit que, peut-être, je ne m'autorisais pas le succès dans la profession que j'aimais, ma mère étant morte malade et sans avoir pu s'épanouir. Tu m'as alors conseillé de peindre un squelette et de dessiner par-dessus un ange dont la robe opaque devait bien cacher les os. Tu me proposais en quelque sorte d'élever mon deuil, ma mère, à la hauteur de l'ange. Cette idée m'a beaucoup plus. J'ai suivi ton conseil et, en dépit de ma présente inaptitude à peindre, me suis forcée à aller à mon atelier pour faire ce dessin.

J'ai peint le squelette, mais comme il ne me plaisait pas, j'en ai redessiné un autre par-dessus puis ai fait l'ange blanc. Quelques jours après, j'ai eu une forte crise d'asthme avec bronchite, que j'ai eu beaucoup de mal à soigner. J'étais désespérée et si fatiguée que j'ai été obligée d'aller me reposer à la montagne. La plus grande confusion régnait en moi ainsi qu'un grand doute sur tout et tous. Pourquoi la psychomagie avait-elle échoué cette fois-ci, au point même de provoquer un résultat inverse à celui que j'espérais ? Mystère... J'étais très déroutée, puis j'ai réfléchi et me suis souvenue qu'avant de dessiner l'ange, j'avais fais deux squelettes, deux squelettes pour un ange ! J'ai compris qu'inconsciemment j'avais encore une forte attirance pour le deuil, ce deuil même qui me rendait malade. À mon retour, j'ai refait la psychomagie. Cette fois, j'ai dessiné un squelette, puis un ange. Le lendemain, j'ai diminué de moitié les doses de médicaments. Le surlendemain, j'ai tout à fait cessé de prendre quoi que ce soit. J'étais guérie ! »

Alexandro, prenons garde de ne pas noyer nos lecteurs sous une avalanche d'actes... Ceux dont ces lettres témoignent manifestent différentes facettes de la psychomagie. Pourriez-vous sélectionner une dernière lettre dans laquelle un mécanisme psychologique commun se trouverait mis hors d'état de nuire grâce à cette étonnante discipline ? Je pense, par exemple, à la peur. C'est une donnée admise que la peur masque souvent un désir refoulé. Avez-vous dans vos archives un « cas » de mise à jour et de résolution de cette dynamique en elle-même très banale ?

J'en ai évidemment beaucoup ! Voici une lettre à cet égard exemplaire :

> « Un soir de mai, en rentrant de ta conférence, je me suis trouvée agressée dans l'entrée de mon immeuble par un homme masqué qui voulait me violer. Il n'y est pas parvenu, mais j'ai eu très peur et ai sans doute concentré ma frayeur dans le côté droit de mon corps qui, le lendemain matin, était comme paralysé. J'en ai conçu une vive répulsion à l'égard des hommes : je ne supportais plus leur contact et parfois même ne pouvait être simplement assise à côté d'eux. La peur s'est installée et, lorsqu'il m'arrivait de rentrer tard, je montais les six étages en courant. Moi qui auparavant ne fermais jamais ma porte à clef me suis isolée du monde extérieur en me barricadant derrière trois verrous. Mais la peur, elle, ne restait pas derrière la porte, elle m'accompagnait partout... Tu m'as donc prescrit un acte :
>
> " Va à Pigalle et conduis-toi comme une putain. Trouve un prétexte pour ne pas suivre les hommes que tu rencontreras, pour ne pas passer à l'acte. "
>
> Une chape de plomb n'aurait pas pesé plus lourd sur

mes épaules… J'ai choisi le 17 juillet, le 17 correspondant à l'Étoile du tarot et au Verseau, mon signe de naissance, me mettant ainsi sous sa protection.

Je suis allée un peu avant reconnaître les lieux et observer ce quartier que je ne connaissais pas. Ce ne m'était certes pas facile de jouer ce rôle pour moi très nouveau. Le 17 au soir, à vingt et une heures, vêtue d'une mini-jupe, d'une marinière bien échancrée, chaussée de hauts talons avec des bas résille et fortement maquillée, destination Pigalle ! J'espérais vraiment ne rencontrer aucun de mes voisins sur mon parcours.

Sur le quai du métro, un homme s'est approché de moi en me demandant tour à tour du feu, l'heure et une station de métro. Je me sentais dans la peau du personnage et observais ce qui se passait en moi. Un copain m'attendait à Pigalle et sa présence me fit du bien.

Je me suis assise à la terrasse d'un café choisi pour l'occasion. J'ai croisé mes jambes très haut et voluptueusement allumé une blonde, tout en observant les alentours. J'ai découvert le regard des hommes, plein de convoitise, méprisant, pervers, etc. En affrontant ces regards, une force naissait en moi, dans mon ventre.

Une heure s'est ainsi écoulée, cinq ou six hommes sont venus vers moi, me demandant de monter. J'ai refusé, prétextant une maladie bénigne. Quelques-uns ont cru que j'avais le sida.

Après avoir dîné avec mon ami Hervé, je suis rentrée épuisée, mais je n'avais plus peur et pouvais désormais côtoyer un homme, monter mes six étages sans problème. Je ne me suis pas barricadée et me sentais en paix.

Cet acte m'a permis de voir que plusieurs personnages vivaient en moi, de les exprimer, de vivre ma peur et de la dépasser. J'ai éprouvé comme une libération et le sentiment que je pouvais désormais aller de l'avant, continuer mon chemin. Sans cet acte, j'aurais sans doute tout refoulé. Là, je me suis ouverte.

Mercredi dernier, en rentrant de la conférence, j'ai vu qu'un homme me suivait. Il voulait faire l'amour avec moi. L'acte m'est revenu en mémoire, ainsi que toute la force que j'y avais puisée. J'ai discuté avec cet homme et, dans ses yeux, j'ai vu la peur. J'ai pris conscience de ma propre force et lui l'a également perçue. Il a quitté l'immeuble et je suis rentrée chez moi, tranquille, confiante.

Je t'envoie mes pensées d'amour, de joie et d'harmonie pour toi et ta famille. »

Que ce soit sur cette belle lettre que se terminent les échantillons de courrier psychomagique !

VIII

L'IMAGINATION AU POUVOIR

Alexandro, la psychomagie, n'est-ce pas trop simple, un peu court ? Une analyse prend souvent des années, nombre de thérapies s'étendent aussi sur de longues périodes...

Vous savez, un labyrinthe n'est jamais qu'un enchevêtrement de lignes droites. Je me demande si analyses et thérapies n'ont pas parfois tendance à introduire des sinuosités dans les lignes droites... Et puis, un acte a une portée plus définitive que toutes les paroles. Cependant, je devrais préciser une chose : il est rare que je prescrive un acte à une personne sans avoir auparavant étudié ce que j'appelle son arbre généalogique : sa famille, parents, grands-parents, frères, sœurs, etc.

Donc, chacun des actes que nous avons passés en revue n'est jamais qu'un épisode d'un processus plus long...

Oui, mais un épisode grave et décisif. Si je marche avec un clou dans ma chaussure, tout mon monde, ma sensibilité vont en être affectés. Avant de prétendre aller plus loin, affiner ma vision, il me faut retirer le clou. De même, lorsque l'on souffre d'un traumatisme, toute notre existence s'en ressent. Il importe donc de remédier à ce traumatisme.

Par ailleurs, il me semble que la psychomagie aide à solutionner certains problèmes précis, bien spécifiques. Je la vois plutôt comme une intervention ponctuelle que comme une thérapie pour ainsi dire globale...

Gilles, il n'y a qu'une seule guérison globale : trouver Dieu. Il n'y en a pas d'autre. Seule la découverte de notre Dieu intérieur est susceptible de nous guérir à jamais. Le reste consiste à tourner, plus ou moins bien, autour du pot. Toutes les thérapies ne peuvent qu'être partielles.

Que dire à l'issue de ces conversations à la fois méthodiques et insensées ?

Il importe de réaffirmer l'importance de l'imagination. D'une certaine manière, je me suis livré avec vous à un exercice d'autobiographie imaginaire. Pas au sens de « fictif » puisque tous les faits rapportés sont vrais, mais en ceci que l'histoire profonde de ma vie est celle d'un constant effort pour élargir l'imagination, faire reculer ses bornes, l'appréhender dans son potentiel thérapeutique et transfigurant. Si j'enseigne quelque chose, c'est l'imagination.

Alexandro Jodorowsky, professeur d'imagination...

Exactement. J'apprends aux gens à imaginer. Nous n'avons la plupart du temps aucune idée de ce que peut être l'imagination, nous ne concevons pas l'étendue de ses registres. Car outre la seule imagination intellectuelle existe aussi l'imagination émotionnelle, l'imagination sexuelle, l'imagination corporelle, l'imagination économique, l'imagination mystique, l'imagination scientifique... Sur tous les terrains, y compris ceux que nous tenons pour « rationnels », l'imagination est à l'œuvre. Elle est chez elle en tout lieu. Il importe donc de la développer pour aborder le réel non plus à partir d'une seule et unique perspective étroite mais sous de multiples angles. D'ordinaire, nous envisageons tout selon le paradigme très étriqué de nos croyances, de nos conditionnements. De la réalité, si mystérieuse, si vaste, si imprévisible, nous ne percevons que ce que laisse filtrer notre minuscule point de vue. L'imagination active est la clef d'une vision élargie, elle permet d'envisager la vie selon des points de vue qui ne sont pas les nôtres, de penser et de ressentir à partir de différents endroits. Voilà la vraie liberté : être capable de sortir de soi, franchir les limites de son petit monde pour s'ouvrir à l'univers. Je voudrais que les lecteurs de notre livre laissent au moins se déposer en eux l'idée de la puissance thérapeutique de l'imagination, dont la psychomagie n'est finalement qu'une modeste application.

TABLE

DU MÊME AUTEUR

Bibliographie sommaire

La Voie du Tarot, avec Marianne Costa, Albin Michel, 2004.
La danse de la réalité, Albin Michel, 2002.
L'enfant du jeudi noir, trad. de l'espagnol par Caroline Lepage, Métailié, 2000.
L'Arbre du dieu pendu, trad. de l'espagnol par Mara Hernandez et René Solis, Métailié, 1998.
Le Doigt et la Lune, Albin Michel, 1997.
La Sagesse des blagues, éd. Vivez Soleil, 1994.
La Tricherie sacrée, éd. Dervy, 1984.
Le Paradis des perroquets, Flammarion, 1984.

SCÉNARI DE BANDES DESSINÉES
(aux Humanoïdes associés)

Borgia Tome 1 : Du sang pour le pape, Albin Michel, 2004.
Bouncer, 2001.
Mégalex, 2001.
Technopères, nouvelle édition 2000.
L'Incal, nouvelle édition, 2000.
Avant l'Incal, nouvelle édition, 2000.
Après l'Incal, nouvelle édition, 2000.
La Caste des Méta-Barons, nouvelle édition, 2000.
Alef-Thau, 1998.
Anibal Cinq, 1999.
Juan Solo, 1999.
Le Lama Blanc, nouvelle édition, 2000.

« *Espaces libres* »
au format de Poche

Reproduction photomécanique
et impression Bussière, janvier 2005
Editions Albin Michel
22, rue Huyghens, 75014 Paris
www.albin-michel.fr

ISBN 2-226-12538-8
ISSN 2-1147-3562

N° d'édition : 22919. – N° d'impression : 050219/1.
Dépôt légal : avril 2001.
Imprimé en France